Gestão Estratégica e Avaliação Empresarial

Alan Kardec

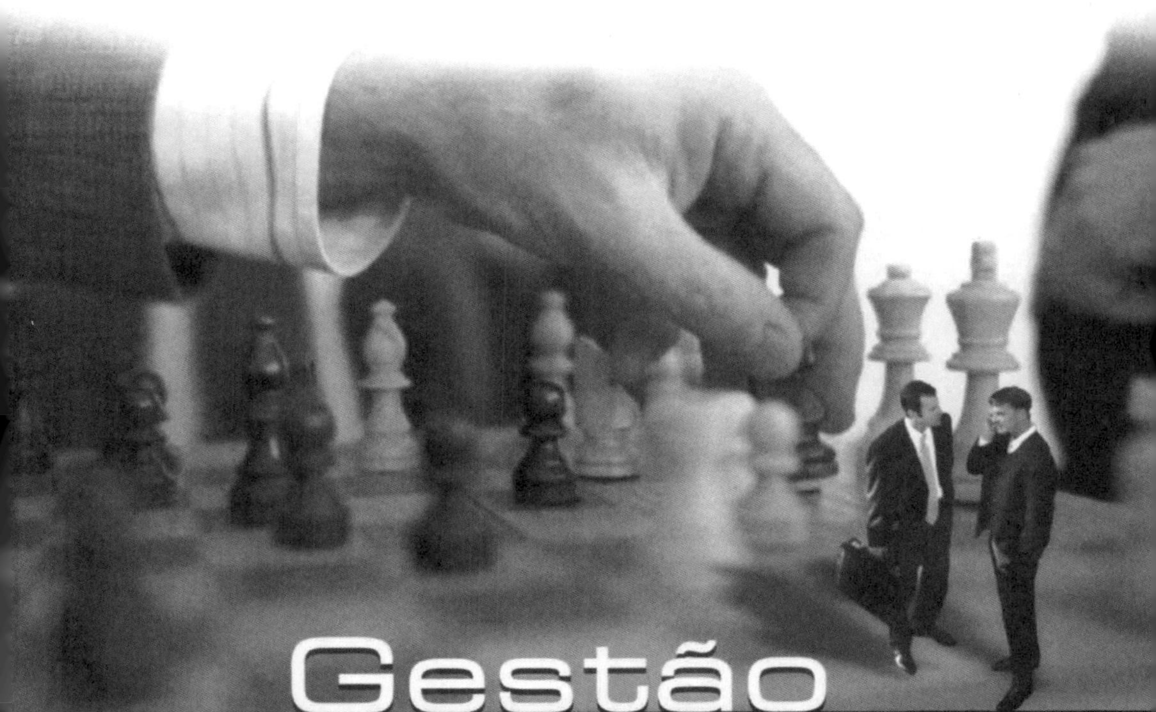

Gestão Estratégica e Avaliação Empresarial

2ª Edição
Revista e Ampliada

QUALITYMARK

Copyright © 2012 by Alan Kardec

Todos os direitos em língua portuguesa reservados à Qualitymark Editora Ltda.
É proibida a duplicação ou reprodução deste volume, ou parte do mesmo, sob qualquer meio, sem autorização expressa da Editora.

Direção Editorial SAIDUL RAHMAN MAHOMED editor@qualitymark.com.br	Produção Editorial EQUIPE QUALITYMARK
Capa WILSON COTRIM	Editoração Eletrônica APED - Apoio e Produção Ltda.

1ª Edição: 2005
2ª Edição: 2012

CIP-Brasil. Catalogação-na-fonte
Sindicato Nacional dos Editores de Livros, RJ

K27g
2.ed.
Kardec, Alan

    Gestão estratégica e avaliação empresarial / Alan Kardec. - 2.ed. rev. e ampl. - Rio de Janeiro: Qualitymark Editora, 2012.
    152p. : 23 cm
    Apêndice
    Inclui bibliografia
    ISBN 978-85-414-0044-2

1. Planejamento estratégico. 2. Desenvolvimento organizacional. I. Título.

12-5663.		CDD: 658.4012 CDU: 658.012.2
10.08.12	16.08.12	038010

2012
IMPRESSO NO BRASIL

Qualitymark Editora Ltda.
Rua Teixeira Júnior, 441
São Cristóvão - Fax: (21) 3295-9824
20921-405 – Rio de Janeiro – RJ

www.qualitymark.com.br
E-mail: quality@qualitymark.com.br
Tel: (21) 3295-9800 ou (21) 3094-8400
QualityPhone: 0800-0263311

Dedicatória

Dedico a minha mãe Adélia (*in memorian*), a minhas irmãs Sonia, Clermen e Berenice.

A minha família: minha esposa Alina Garcia, a minha primeira esposa Sandra (*in memorian*), aos meus filhos Alexandre (*in memorian*), Ana Paula e Leonardo, a minha enteada Janey Garcia, ao meu genro Saulo Gomes e aos meus netos Marco Túlio e Julio Cesar.

Agradecimentos

Agradeço às pessoas, abaixo listadas, pelas sugestões, ensinamentos, apoio e revisões nas diversas etapas da elaboração deste trabalho:

- Eider Castro de Aquino
- Julio de Aquino Nascif Xavier
- João Bosco Duarte Gonçalves
- José Eduardo Gorini Lobato Campos
- Ronaldo Nascimento Pereira

Meu agradecimento especial a minha esposa **Alina Garcia** pelo apoio, sugestões, revisão de todo o material e elaboração de vários gráficos indispensáveis à boa compreensão de determinadas teses.
Sem a sua participação teria sido muito difícil elaborar esta obra.

Ao André Faria Xavier pela competente execução de ilustrações e desenhos.

Registro, também, nossos agradecimentos à Petróleo Brasileiro S/A – Petrobras, pelo suporte ao seu desenvolvimento.

Prefácio

Ao longo da minha vida profissional pude conhecer muitos bons profissionais. Também pude conhecer alguns profissionais que por onde passaram deixaram suas "marcas". Essas "marcas" de realizações se caracterizam por mudanças de cultura, quebras de paradigmas e busca permanente da melhoria rumo a excelência.

Alan Kardec é um desses profissionais que tem deixado marcas por onde passou. Além disso, consegue "arrumar tempo" para disseminar as melhores práticas no gerenciamento de empresas através de palestras, aulas e livros.

Este livro, para o qual tenho o prazer de escrever o prefácio, coroa os seus esforços no sentido de divulgação de seus conhecimentos para a comunidade empresarial, oferecendo instrumentos que podem auxiliar os gestores a otimizarem os resultados empresarias, além de proporcionarem aos leitores oportunidades de crescimento profissional e pessoal. Com uma visão da excelência empresarial, o autor adota um estilo de redação claro e convincente indicando os passos que as empresas devem dar na direção das empresas "Classe Mundial".

A responsabilidade do gerente é colocar a sua empresa no caminho permanente da melhoria contínua e, dentro de uma visão de *benchmark*, procurar ser referência nacional e mundial. Esta obra pode ajudar nessa direção. O Brasil precisa de empresas e de pessoas cada vez mais eficazes.

Boa leitura!

Júlio Nascif Xavier
Diretor da TECEM – Tecnologia Empresarial

Apresentação

Nosso objetivo ao escrever este livro foi destacar a importância da gestão estratégica para que a organização tenha sucesso na implementação do seu planejamento estratégico estabelecido.

Esta conexão entre o planejamento e a gestão estratégica é um importantíssimo fator crítico de sucesso empresarial.

O Planejamento Estratégico de uma empresa é um excelente instrumento para guiar toda a Organização nos próximos anos. É através deste Planejamento que se pode ter uma visão mais clara do rumo que se decidiu tomar para enfrentar um cenário de competitividade crescente, com obstáculos de toda ordem para o crescimento empresarial.

É preciso ter uma visão clara de onde a empresa pretende estar daqui a cinco a dez anos, mesmo com todas as mudanças que se vislumbram para o mundo nos próximos anos, e mesmo que seja necessário fazer replanejamentos ao longo deste período, o que, normalmente, é feito.

O planejamento estratégico, imprescindível nas organizações, não passará de uma grande intenção se não existir uma gestão estratégica que, entre outros fatores, estabeleça ações concretas e visíveis para todos os componentes da empresa.

Por outro lado, a avaliação empresarial também é indispensável para que se feche o ciclo e se tenha, efetivamente, uma gestão estratégica.

Resumindo: para se concretizar a implementação do planejamento estratégico estabelecido é imprescindível que se pratique uma gestão estratégica, e para que se pratique uma gestão estratégica é fundamental que se faça a avaliação empresarial.

Concluindo, conforme já dissemos, não é objetivo deste livro tratar do Planejamento Estratégico Empresarial, mas sim, de duas etapas imprescindíveis para a sua efetiva implementação que são: **A Gestão Estratégica e a Avaliação Empresarial.**

Alan Kardec
Ex-Presidente da Petrobras Biocombustível e da Abraman;
Consultor Empresarial

Sumário

Prefácio	IX
Apresentação	XI
1 – Gestão Estratégica	**1**
1.1. Introdução	3
1.2. Planejamento Estratégico Empresarial	4
1.3. Gestão Estratégica	5
1.3.1. Planejamento (PLAN - P)	6
1.3.1.a. Situação Atual e Metas	7
1.3.1.b. *Benchmarking* e *Benchmarck*	7
1.3.1.c. Melhores Práticas ou *Best Practices*	10
1.3.1.d. Plano de Ação	13
1.3.1.e. Indicadores	14
1.3.2. Implementação do Plano de Ação (DO - D)	16
1.3.3. Evolução dos Indicadores e Auditorias (CHECK-C)	17
1.3.4. Ações Corretivas e Sistema de Consequências (ACTION - A)	19
1.3.4.a. Sistema de Consequências	19
1.4. O Papel do Gerente	20
1.5. *Balanced Scorecard* - BSC	21
1.6. Paradigma Moderno	23
1.7. Competitividade	24
1.8. A Questão de SMS e o Custo	26
1.9. Produto Operacional Requerido	26
1.10. Doenças Graves das Organizações	28
1.11. Trabalho em Equipe	29
1.12. A Terceirização na Empresa	32
1.13. Conceito Moderno da Função Operacional	35
1.13.1. Redução da Demanda de Serviços	36
1.14. Gestão de Ativos – Processo Evolutivo	40
1.14.1. A Gestão de Ativos	40
1.14.2. Ativos e Custo do Ciclo de Vida	43
1.15. Fatores Adicionais	45
1.16. Considerações Finais	47

2 – O Papel do Gerente 49
   2.1. Características Básicas que Estão Presentes no "Gerente
   De Alta Performance": 52
   2.2. Mudança X Desconforto 54
      2.2.1. Modelo Mental 54
      2.2.2. Mito da Autoridade para Implementar Mudanças 55
      2.2.3. Importância da Liderança para Acontecer Mudanças 55
      2.2.4. Características do Agente de Mudança 56
   2.3. Sucesso 59
   2.4. Você é um Ganhador? 59
   2.5. Atitude 60
   2.6 Perfil de Gerentes Presentes nas Organizações 61
   2.7 Para Reflexão e Ação 62

3 - *Benchmarking* *65*
   3.1. Introdução 67
   3.2. Termos Relacionados 69
   3.3. Aspectos Estratégicos 70
   3.4. O Processo de *Benchmarking* *72*
   3.5. Tipos de Benchmarking 75
   3.6. *Benchmarking, Benchmark* e as Quatro Fases do Processo ... 76
   3.7. Indicadores 78
   3.8. Parceiros em *Benchmarking* *79*
   3.9. Estabelecimento de Metas e Planos de Ação 82

4 - Balanced Scorecard 85
   4.1. Como Funciona o BSC? 89
   4.2. Mapa Estratégico Básico 90
      4.2.1 Alguns exemplos de objetivos estratégicos: 91
      4.2.2. Alguns exemplos de Indicadores: 91
      4.2.3 – Estabelecimento de Metas 94
      4.2.4 – Mapa Estratégico Completo 94
   4.3. Pontuação das Perspectivas e Ponderação dos Indicadores ... 95
   4.4. Escolha dos Indicadores 96

5 - Avaliação Empresarial 101
com Base no BSC – *Balanced Scorecard* 101
   5.1. Pontuação das Perspectivas e Ponderação dos Indicadores ... 103
      Perspectiva Processos Internos – Pontuação = 30 104
   5.2. Avaliação Quantitativa dos Indicadores 106
      5.2.1. Estabelecimento de Nota para a Avaliação Quantitativa
      do Indicador 106
   5.3. Avaliação Qualitativa dos Indicadores 107
      5.3.1. Qualidade da Gestão dos Indicadores 108
      5.3.2. Índice de Disponibilidade Interno (IDI) – Exemplo ... 108
      5.3.3. Índice de Manutenção Industrial (IMI) – Exemplo 109
      5.3.4. Índice de Satisfação dos Clientes (ISC) – Exemplo .. 110
      5.3.5. Estabelecimento de Nota para a Avaliação Qualitativa do
      Indicador 110
   5.4. Composição da Avaliação Quantitativa e Qualitativa 112
      5.4.1 Composição final da nota de Avaliação 113
   5.5. Avaliação Empresarial Final 113
   5.6. Sistema de Consequências 114

ANEXO 1 Exemplo de Avaliação Empresarial com Base no BSC   **117**
   ANEXO 1 Exemplo de Avaliação Empresarial com Base no BSC   119

   1- Avaliação Quantitativa   119
   2- Avaliação da Gestão (Qualitativa)   119
      2.1 Critérios de avaliação da Gestão do Índice de Manutenção
      Industrial (IMI)   120
   3- Composição da Avaliação Quantitativa   121
   e Qualitativa: 121
   4- Peso Global de cada Indicador   121
   5- Questões: 121
   6- Solução do Exercício   122

Bibliografia   **129**

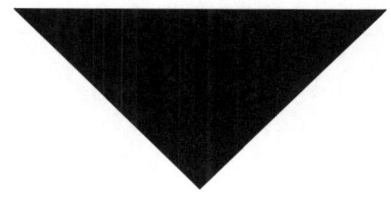

1 – Gestão Estratégica

1.1. Introdução

Este capítulo descreve a importância de "pensar e agir estrategicamente", para que a empresa caminhe, efetivamente, rumo a Excelência Empresarial ou, mais precisamente, rumo às metas definidas pelo Planejamento Estratégico.

Esta nova postura é fruto dos novos desafios que se apresentam para as empresas neste novo cenário de uma economia globalizada e altamente competitiva, onde as mudanças se sucedem em alta velocidade.

Neste cenário, não mais existem espaços para improvisos e arranjos: competência, criatividade, flexibilidade, velocidade, cultura de mudança e trabalho em equipe são as características básicas das empresas e das organizações que têm a Competitividade como razão de ser de sua sobrevivência.

Para as pessoas, estas características são essenciais para garantir a empregabilidade de cada um.

A condução moderna dos negócios requer uma mudança profunda de mentalidade e de posturas. A gerência moderna deve estar sustentada por uma visão de futuro e regida por processos de gestão onde a satisfação plena dos clientes seja resultante da qualidade intrínseca dos produtos e serviços e a qualidade total dos processos produtivos seja o balizador fundamental.

Ao invés de se falar em "mudança de cultura", que é um processo lento não condizente com as necessidades atuais, é preciso que a gestão implemente uma "cultura de mudanças", onde o inconformismo com a perpetuação de paradigmas e de práticas seja uma constante.

Está presente uma grande necessidade de mudanças, sendo que o papel mais importante e estratégico do Gerente é o de liderar este processo.

Uma grande variedade de instrumentos gerenciais tem sido colocada à disposição dos gestores: BSC, CCQ, TPM, RCM, 5S, Terceirização, Reengenharia, entre outros. É importante ter em mente que eles são, simplesmente, ferramentas e, como tal, a sua simples utilização não é sinônimo de bons resultados. Muitos gerentes têm transformado essas ferramentas em objetivos empresariais, e os resultados são desastrosos. Por outro lado, o uso correto delas tem levado a excelentes resultados.

Não há qualquer dúvida de que as causas do sucesso começam pelo profundo conhecimento do Planejamento Estratégico da Empresa, do conhecimento perfeito da sua Visão e da sua Missão, seus novos Paradigmas e, evidentemente, da agilidade nas ações de gestão. Dentro deste enfoque, a utilização destas ferramentas levará a novos patamares de competitividade.

1.2. Planejamento Estratégico Empresarial

Não é objetivo deste livro tratar do Planejamento Estratégico Empresarial, mas tão somente, fazer uma conexão entre este Planejamento Estratégico e a Gestão Estratégica das Organizações.

O Planejamento Estratégico de uma empresa é um excelente instrumento para guiar toda a Organização nos próximos anos. É por meio dele que se pode ter uma visão mais clara do rumo que se decidiu tomar para enfrentar um cenário de competitividade crescente, com obstáculos de toda ordem para o crescimento empresarial.

É preciso ter uma visão clara de onde a empresa pretende estar daqui a cinco ou dez anos, mesmo com todas as mudanças que se vislumbram para o mundo, e mesmo que seja necessário fazer replanejamentos ao longo deste período, o que, normalmente, é feito.

A título de exemplo, apresentamos a Visão, a Missão e a Estratégia Corporativa da Petrobras, constante do seu planejamento estratégico.

- **Visão 2020**
  "Seremos uma das cinco maiores empresas integradas de energia do mundo e a preferida pelos nossos públicos de interesse".

- **Missão**

    "Atuar de forma segura e rentável, com responsabilidade social e ambiental, nos mercados nacional e internacional, fornecendo produtos e serviços adequados às necessidades dos clientes e contribuindo para o desenvolvimento do Brasil e dos países onde atua".

- **Estratégia Corporativa**

    "Crescimento integrado, rentabilidade e responsabilidade socioambiental são as palavras-chave de nossa estratégia corporativa. É a partir da atuação nesses três pilares que construímos a Missão e a Visão 2020, de forma transparente e com olhos atentos ao que acontece no Brasil e no mundo".

O Planejamento Estratégico Empresarial, imprescindível nas organizações, não passará de **uma grande intenção,** se não existir uma **Gestão Estratégica** que, entre outros fatores, estabeleça ações concretas e visíveis para todos os componentes da Organização.

"Tão importante quanto estabelecer um Planejamento Estratégico é ter uma Gestão Estratégica que possibilite implementá-lo em toda a Organização".

1.3. Gestão Estratégica

Além da Gestão Estratégica que é desenvolvida e praticada pela alta administração da empresa, é necessário que se tenha, também, uma Gestão Estratégica de cada um dos seus segmentos: produção, manutenção, engenharia, segurança industrial, recursos humanos, logística, comercial, marketing, suprimento, finanças, comunicação, entre outros, e que esta Gestão esteja voltada para os resultados empresariais da organização.

É preciso, além de ser eficiente (resultados setoriais), ser eficaz (busca da excelência empresarial).

Esta é a Grande Mudança de Paradigma!

Para que a empresa e cada um dos seus segmentos tenham uma atuação estratégica, é necessário que se tenha um processo de gestão que contemple as seguintes etapas:

- **PLANEJAMENTO (P);**
- **IMPLEMENTAÇÃO DO PLANO DE AÇÃO (D);**
- **EVOLUÇÃO DE INDICADORES E AUDITORIAS (C);**
- **AÇÕES CORRETIVAS E SISTEMA DE CONSEQUÊNCIAS (A).**

É o conhecido ciclo PDCA – Plan (Planejar), Do (Fazer), Check (Verificar) e Action (Corrigir). (Ver figura 1.1)

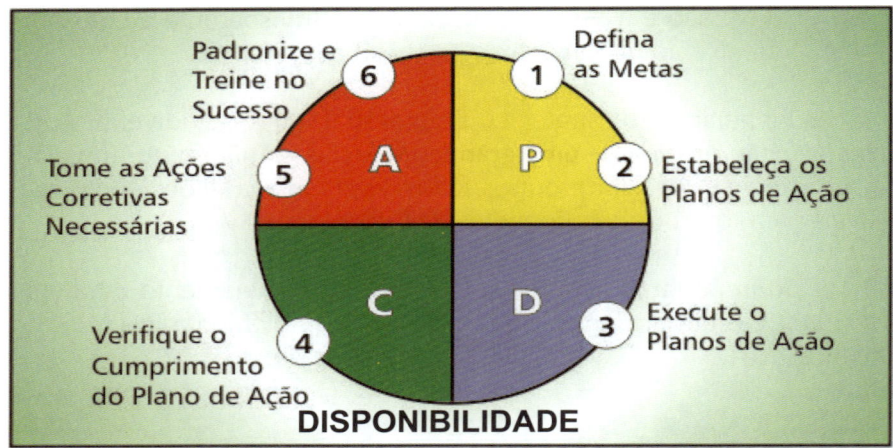

Figura 1.1 - O Ciclo PDCA.

1.3.1. Planejamento (PLAN - P)

Para executar um adequado Planejamento é preciso considerar as seguintes etapas:

- Política e Diretrizes;
- Situação Atual – Diagnóstico;
- Situação Futura – Metas Estratégicas baseadas, sempre que possível, em *benchmarks*;
- Caminhos Estratégicos ou "Melhores Práticas";
- Indicadores;
- Plano de Ação.

A figura 1.2 retrata esta questão:

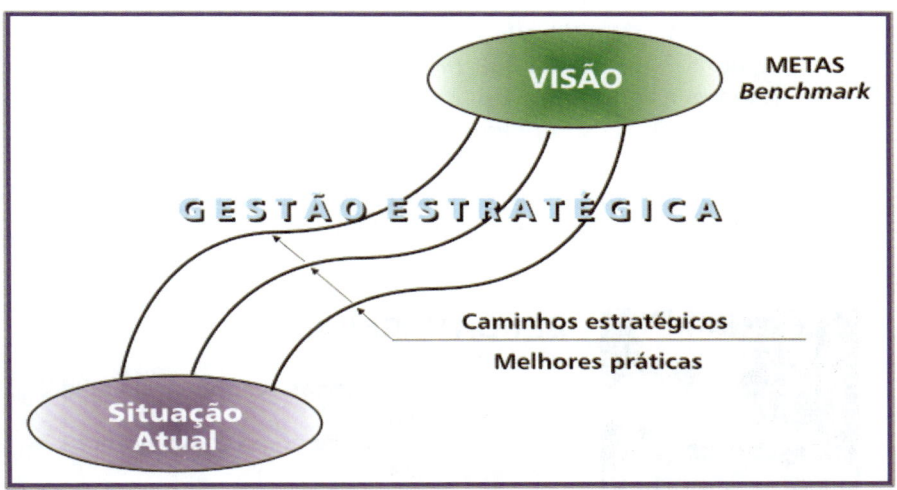

Figura 1.2 – Planejamento.

1.3.1.a. Situação Atual e Metas

Para definir a situação atual e as metas que explicitam a Visão de Futuro, o ideal é a adoção do processo de *benchmarking*. Na falta ou mesmo na impossibilidade de adoção deste processo, as metas podem ser definidas conforme o cenário concorrencial que se consegue vislumbrar.

1.3.1.b. *Benchmarking* e *Benchmarck*

Benchmarking pode ser definido como sendo o "processo de identificação, conhecimento e adaptação de práticas e processos excelentes de organizações, de qualquer lugar do mundo, para ajudar uma organização a melhorar sua performance."

Benchmark é uma medida, uma referência, um nível de performance, reconhecido como padrão de excelência para um processo de negócio específico.

Resumindo: *Benchmarking* é um processo de análise e comparação de empresas do mesmo segmento de negócio, objetivando conhecer:

- As melhores marcas ou *benchmarks* das empresas vencedoras, com a finalidade de possibilitar definir as metas de curto, médio e longo prazos;
- A situação atual da sua organização e, com isto, apontar as diferenças competitivas;
- Os caminhos estratégicos das empresas vencedoras ou as "melhores práticas";
- Além de conhecer tudo isso, tem o grande mérito de chamar a atenção da organização para as necessidades competitivas.

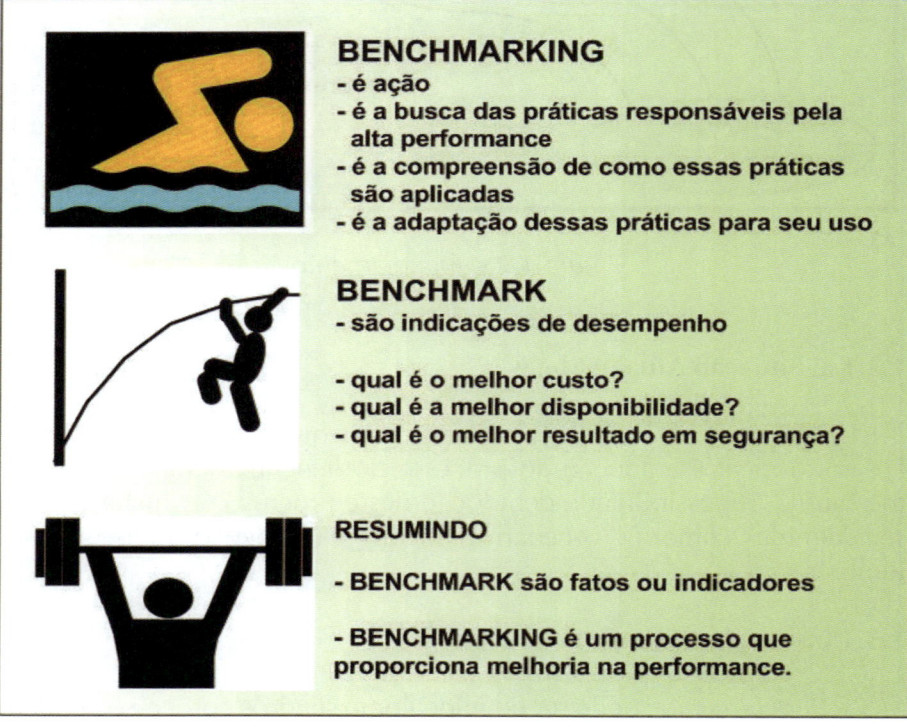

Figura 1.3 – Benchmarking e Benchmark.

Chegar ao topo é muito difícil, mas nesta caminhada é possível saber, através do processo de *Benchmarking*, quais são as empresas de seu segmento econômico que estão ao nível de excelência, qual é o *benchmark* de cada processo crítico e, principalmente, quais são as práticas que levaram estas empresas a esta posição de vanguarda.

Todavia, atingido o topo não se tem mais para onde olhar, você passou a ser a referência, passou a ser o *benchmark* e todos o estão perseguindo, copiando e melhorando as suas práticas.

Se você não fizer algo inovador certamente será ultrapassado, como já aconteceu com diversas empresas que já atingiram o topo.

Não resta outra alternativa a não ser continuar procurando a melhoria contínua o que não é suficiente. É preciso também inovar, procurar novos caminhos, até então desconhecidos, e trilhar estes caminhos com coragem e determinação, mesmo sabendo que existem riscos.

A figura 1.4 ilustra uma questão fundamental: a parte inferior retrata a Gestão Estratégica estruturada de uma organização, porém sem uma visão ampla do seu segmento de negócio. Essa estratégia pode levar ao insucesso: não basta uma organização estar melhorando seus indicadores empresariais, ela precisa estar evoluindo mais rápido que os seus concorrentes, para poder se posicionar à frente deles. Daí a necessidade de se incorporar à sua Gestão Estratégica a parte superior da figura, que nada mais é do que a comparação com os seus concorrentes, inclusive os internacionais.

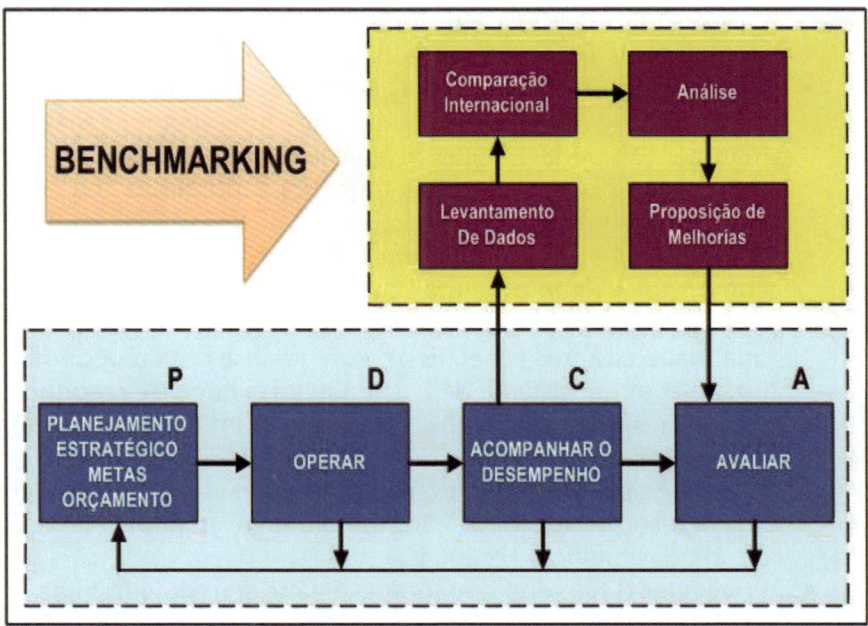

Figura 1.4 – Gestão Estratégica.

1.3.1.c. Melhores Práticas ou *Best Practices*

Para alcançar as metas planejadas, ou seja, para ir da "Situação Atual" para a "Visão de Futuro", é preciso implementar, em toda a organização, um plano de ação suportado pelas melhores práticas, também conhecidas como caminhos estratégicos. A questão fundamental não é, apenas, conhecer quais são essas melhores práticas, mas, sobretudo, ter capacidade de liderar a sua implementação numa velocidade rápida; como diz Alvin Tofler:

"O mundo não se divide mais entre grandes e pequenos, esquerda e direita, mas entre rápidos e lentos."

Apresentamos, a seguir, uma relação de algumas melhores práticas de gestão:

- Ter um processo de negociação de metas da *holding* com as Unidades de Negócio, e da alta administração da Unidade de Negócio com os seus diversos segmentos, que busquem a excelência empresarial. Pode acontecer que a empresa seja constituída de uma única Unidade de Negócio e, como tal, não possua uma *holding*. Nesse caso o processo de negociação se passa dentro da própria Unidade de Negócio, entre a sua Diretoria e os níveis imediatamente abaixo.
- Estabelecer diretrizes e metas para todos os processos-chave do negócio: produção, logística, marketing, comercialização, manutenção, SMS – Segurança, Meio Ambiente e Saúde, confiabilidade, clientes, força de trabalho, suprimento, terceirização, entre outros.
- A gestão deve ser baseada em itens de controle empresariais como, por exemplo: faturamento, lucro, *market share*, segurança, disponibilidade, confiabilidade, meio ambiente, custos, qualidade e outros específicos, com análise crítica periódica;
- Estabelecer um sistema de consequências que vise reconhecer os bons resultados e, também, induzir a eliminação de lacunas em relação ao planejado.
- Os gerentes e supervisores, nos diversos níveis, devem liderar o processo de sensibilização, treinamento, implantação e auditoria das melhores práticas;
- Privilegiar o trabalho em equipe. Esta é, sem dúvida, uma das melhores práticas e um dos mais importantes Fatores Críticos de Sucesso de uma empresa;

- Fazer a análise da causa básica, também conhecida como causa das causas ou causa raiz, de toda ocorrência anormal, como forma de adotar uma solução definitiva. Esta análise deve ser feita em conjunto com todos os segmentos envolvidos (operação, manutenção, engenharia, logística, suprimento de materiais, matéria prima etc.);
- Gestão integrada do orçamento entre todos os segmentos da empresa (produção, manutenção, logística, engenharia, entre outros), buscando, sempre, o resultado do negócio através da análise criteriosa das receitas e dos custos;
- Análise crítica e priorização das intervenções com base na disponibilidade, confiabilidade operacional e resultado empresarial;
- Utilização de pessoal qualificado e certificado, nas atividades-fim e nas atividades-meio mais próximas da produção (Ex.: manutenção).

As atividades em uma Organização se classificam em três grandes grupos, mostrados na Figura 1.5:

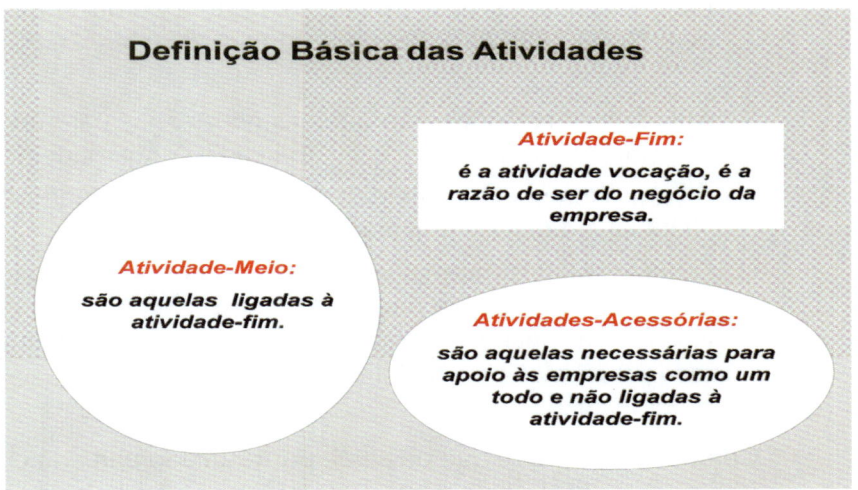

Figura 1.5 – Classificação das Atividades.

» **Atividade-fim:** como o próprio nome indica, é a atividade vocação da empresa e é a razão de ser da sua existência e, como tal, está prevista em seu Estatuto.

Alguns exemplos de Atividade-fim:

Segmento Empresarial	Atividade-fim
Nuclear	Operação da Usina
Aviação	Operação do avião (pilotos)
Planta de Refino de Petróleo	Operação da Planta
Prestador de Serviços de Manutenção	Atividade de Manutenção

» **Atividades-meio:** são aquelas atividades ligadas à Atividade-fim, mas que com ela não se confunde; a Súmula 331, do TST, permite a sua contratação.

A manutenção, apesar da sua importância, é classificada, na grande maioria das empresas, como Atividade-meio e não como Atividade-fim.

Somente em empresas que têm estas atividades como seu objeto, como sua razão de ser é que, tecnicamente, cabe a classificação de Atividade-fim.

É sobre a atividade de manutenção que tem se concentrado, mais fortemente, o debate da legalidade da terceirização.

» **Atividades-acessórias:** são aquelas necessárias para apoio às empresas como um todo e não ligadas à Atividade-fim.

Alguns exemplos de Atividades-acessórias: Transporte, Vigilância, Limpeza, Alimentação e Jardinagem.

Entretanto, estas mesmas atividades citadas como Atividades-acessórias são, tecnicamente, classificadas como Atividades-fim quando se tratar de empresas que prestam os serviços citados para terceiros.

- Contratação, sempre que possível, por resultado/parceria com indicadores de desempenho focados nas metas da organização: disponibilidade, confiabilidade, custo, segurança, prazo de atendimento e preservação ambiental (Ver item 1.12);

- Os aspectos de SMS devem ser considerados como valores básicos na contratação de serviços, contemplando, dentre outros:

  » Histórico de segurança da contratada;

- » Qualificação e certificação de pessoal;
- » Comunicação de riscos por parte da contratante;
- » Bônus e ônus para resultados de segurança.

- Ênfase na manutenção preditiva acoplada aos *softwares* de diagnóstico, para privilegiar a confiabilidade, a disponibilidade e otimizar os custos de manutenção e de produção;

- Aplicação da técnica APR – Análise Preliminar de Riscos;

- Prática da multifuncionalidade ou da polivalência, em todas as funções dos segmentos, em especial nos segmentos de manutenção e operação. É importante salientar que a multifuncionalidade ou polivalência não significa o fim da especialização como alguns chegaram a pregar no passado e, infelizmente, ainda hoje se encontram adeptos desta tese, o que é um grande equívoco. A correta polivalência significa um especialista agregar em seu trabalho atividades de menor tecnologia de outras especialidades afins. Por exemplo, um soldador fazendo um ensaio de líquido penetrante, um operador fazendo TPM – *Total Maintenance Productive*, entre outros;

- Procedimentos escritos para os processos mais críticos nas diversas áreas da empresa;

- Aplicação dos programas de auditorias, internas e externas, como ferramenta de divulgação, verificação da aplicação das melhores práticas, a tendência dos resultados e sugestões para melhoria dos processos.

1.3.1.d. Plano de Ação

Conhecendo-se a política e as diretrizes, a situação atual, a situação futura pretendida (metas) e os caminhos estratégicos ou as "melhores práticas", é fundamental estabelecer um plano de ação onde se defina, claramente, as ações a serem implementadas, o responsável e o prazo para a implementação de cada ação, compatíveis com as metas a serem alcançadas.

A escolha das ações deve priorizar aquelas mais importantes para o alcance das metas estabelecidas; uma boa regra é escolher apenas 20% das ações analisadas e que respondam por 80% dos resultados pretendidos (metas).

ESTA REGRA É SEMPRE POSSÍVEL DE SER APLICADA!

Não é uma boa prática fazer um plano de ação com muitas ações e, teoricamente, mais completo, sem uma adequada priorização. Esta prática, erradamente muito utilizada, leva a uma dispersão de esforços e a uma tendência de realizar aquelas que são mais simples e que, geralmente, não são as mais importantes para o alcance das metas estabelecidas.

1.3.1.e. Indicadores

Além do conhecimento da "situação atual" e da "situação futura" e de se ter um "plano de ação", é indispensável ter um conjunto de "indicadores" que possa medir se o resultado do plano de ação está compatível com as metas propostas e com o prazo estabelecido.

QUEM NÃO MEDE, NÃO ANALISA E NÃO ATUA SOBRE O RESULTADO DA ANÁLISE: NÃO GERENCIA!

Infelizmente, é comum encontrarmos, ainda, indicadores nos diversos segmentos que medem, apenas, a sua eficiência. Isto é muito pouco para uma empresa moderna. Tomando como exemplo, o segmento da Produção o que precisa ser medido é:

- Segurança pessoal e das instalações;
- Preservação Ambiental;
- Disponibilidade, Confiabilidade e Utilização;
- Rendimento e Qualidade da Produção;
- Qualidade do atendimento, (Satisfação do Cliente);
- Faturamento;
- Participação no Mercado;
- Lucro e Rentabilidade;
- Otimização de custo;
- Satisfação dos colaboradores.

Tudo isso para que a Produção agregue valor à Organização como um todo, para que a empresa possa proporcionar um melhor atendimento junto aos seus Clientes de maneira competitiva. É preciso que todas as pessoas envolvidas tenham conhecimento destes fatos e dados, quais são os resultados da análise dos indicadores expostos anteriormente e quais são as ações corretivas por ventura necessárias.

Todos esses resultados só serão obtidos através das pessoas, daí ser importante ter, também, indicadores que meçam a Satisfação do grupo de colaboradores. (Ver Figura 1.6)

Figura 1.6 – Saber e Querer.

**"Pessoas qualificadas, certificadas (SABER) e motivadas (QUERER) constituem fator crítico de sucesso mais importante.
Alan Kardec"**

A quantidade de Indicadores Sistêmicos deve ser tal que se consiga medir todos os processos-chave; este número deve se situar entre vinte e trinta Indicadores. Uma quantidade menor pode deixar lacunas importantes na avaliação e um número maior pode levar a uma dispersão de esforços para acompanhar os processos-chave.

Além destes Indicadores Sistêmicos, é conveniente que os segmentos estabeleçam Indicadores Setoriais para que possam avaliar a eficiência do seu plano de ação e a sua contribuição para os Indicadores Sistêmicos.

No Capítulo 4 - BSC – *Balanced Scorecard* (Equilíbrio dos objetivos/ Indicadores), essa questão será aprofundada, inclusive mostrando a importância do seu "balanceamento ou equilíbrio".

1.3.2. Implementação do Plano de Ação (DO - D)

Tão importante quanto um bom Planejamento é a sua correta e persistente implementação. É nesta fase que se caminha, de fato, em direção às metas estabelecidas.

Para o sucesso da implementação do Plano de Ação é indispensável que os Gerentes e os Supervisores assumam a liderança dos processos, que a equipe conheça todo o planejamento, incluindo as Metas, o Plano de Ação, os Indicadores e, principalmente, qual é o papel de cada um neste "jogo" que é a competitividade empresarial".

A comunicação é fundamental, não apenas aquela formal através de cartazes, folhetos, revistas, murais etc., é a comunicação direta entre lideranças e equipes que produz muito mais efeito.

Nunca é demais lembrar que comunicação é uma via de mão dupla e principalmente que é necessário ouvir mais do que falar. Pode ser por isto que temos dois ouvidos e uma boca. (Ver figura 1.7)

Figura 1.7 – Comunicação é fundamental.

"Tão importante quanto saber falar é saber ouvir – talvez por esta razão tenhamos dois ouvidos e uma boca" – (Figura 1.7)

A excelência do processo passa, portanto, por uma implementação bem conduzida; infelizmente a história empresarial está repleta de casos onde um planejamento bem concebido não produz os resultados desejados pela simples razão da sua má implementação.

A causa básica do sucesso ou do insucesso está nos gerentes:

OS GERENTES SÃO OS MAIORES RESPONSÁVEIS PELOS RESULTADOS EMPRESARIAIS!

Cabe, então, aos gerentes e supervisores a fundamental tarefa de implementar e de fazer acontecer, junto com toda a sua equipe e com os parceiros das diversas áreas da empresa, o Plano de Ação estabelecido.

1.3.3. Evolução dos Indicadores e Auditorias (CHECK-C)

Ao longo do processo, é fundamental um acompanhamento periódico do bloco de indicadores com o objetivo de verificar se os resultados parciais alcançados estão compatíveis com as metas e prazos estabelecidos.

Nunca é demais relembrar:

QUEM NÃO MEDE, NÃO ANALISA E NÃO ATUA SOBRE O RESULTADO DA ANÁLISE: NÃO GERENCIA!

Outra ferramenta indispensável é a Auditoria. A Auditoria é um importante instrumento de uma Gestão Estratégica bem sucedida. Ela permite avaliar o cumprimento do planejamento estabelecido, não só do ponto de vista quantitativo que é fornecido pelos indicadores, mas, principalmente, do ponto de vista qualitativo que depende da gestão.

A título de exemplo, o Indicador "Participação no Mercado" de determinado produto, também conhecido como *Market Share*, pode estar indicando, hoje, um valor quantitativo que atende à meta estabelecida, por exemplo, o produto está ocupando 30% do mercado, conforme planejado.

Todavia, a maneira como está sendo feita a sua gestão, e que pode ser medida neste caso pelo "Índice de Satisfação dos Clientes" (existem outros), dá uma indicação qualitativa de como pode ser a tendência futura do *Market Share* do produto analisado:

- Cliente Satisfeito: tendência de crescimento do *Market Share*;
- Cliente insatisfeito: tendência de redução do *Market Share*.

A avaliação quantitativa garante a sobrevivência no curto prazo e a avaliação da gestão garante a sobrevivência no médio prazo. Resultados imediatos sem sustentação não são bons para a "maratona" empresarial, como, por exemplo, ter um recorde de produção sem considerar a perda de confiabilidade, o aumento dos custos, a redução da segurança ou até mesmo uma agressão ao meio ambiente.

A COMPETIÇÃO EMPRESARIAL NÃO É UMA CORRIDA DE 100 METROS – AVALIAÇÃO QUANTITATIVA - MAS, SIM, UMA VERDADEIRA MARATONA – AVALIAÇÃO DA GESTÃO.

Somente uma boa gestão de cada indicador garante a sua sustentabilidade no médio e longo prazo, ou seja, garante o sucesso na maratona empresarial.

Estas questões serão melhores abordadas no Capítulo 5 – Avaliação Empresarial.

Uma auditoria deve considerar, pelo menos, os seguintes aspectos:

- Ser efetuada por uma equipe multifuncional, com experiência operacional da empresa a ser auditada;
- Ter uma lista de verificação (*check list*) que contemple todos os itens a serem auditados, à luz da Política e Diretrizes, das Metas, das Melhores Práticas, dos Indicadores, do Plano de Ação, da Análise Crítica e das Ações Corretivas. Esta lista deve ser padronizada para permitir comparações entre as diversas instalações da organização e os progressos alcançados ao longo do tempo;
- Verificar o andamento da implantação do Plano de Ação e das recomendações da auditoria anterior;
- Verificar o resultado quantitativo através da evolução dos Indicadores e, também, a qualidade da gestão de cada Indicador;

- Verificar os procedimentos de trabalho, quanto a sua atualização, disponibilidade no local de trabalho, capacitação da equipe e o seu efetivo cumprimento;
- Visitar os locais de trabalho, verificando a ordem, arrumação e limpeza, aspectos comportamentais, atuação dos supervisores e a participação e comprometimento dos gerentes junto à sua equipe;
- Entrevistar os componentes da organização, escolhendo as pessoas através de um "corte vertical", ou seja, desde o topo da estrutura até o nível operacional, de forma a obter uma "fotografia" representativa da situação existente;
- Entrevistar, também, os componentes da organização através de um "corte horizontal" para se obter uma fotografia dos clientes e fornecedores internos.
- Esta auditoria deve ter uma adequada profundidade e estar acoplada a um sistema de pontuação objetivo, do ponto de vista quantitativo, qualitativo e global. Ver Capítulo 5.

1.3.4. Ações Corretivas e Sistema de Consequências (ACTION - A)

À luz da evolução dos indicadores e do resultado das auditorias, são tomadas as ações corretivas para corrigir anomalias e desvios por ventura detectados; neste caso pode ser necessário, inclusive, revisar o Plano de Ação inicialmente proposto, tendo sempre como objetivo alcançar as metas estabelecidas.

1.3.4.a. Sistema de Consequências

Finalmente, para se ter sucesso na Gestão Estratégica Empresarial e de cada segmento em particular, é indispensável um Sistema de Consequências que estabeleça bônus pelo atendimento-superação das metas e ônus pelo não atendimento destas metas.

Este Sistema de Consequências deve levar em conta as metas quantitativas, mas também, a qualidade da gestão. O que garante a sustentabilidade do negócio é a qualidade da gestão.

A título de exemplo, vamos supor que o Indicador "Custo de Manutenção" teve um excelente resultado quantitativo no período de um ano. No entanto, uma análise mais criteriosa revelou que este resultado foi obtido deixando de se fazer determinadas intervenções e atividades importantes que, no médio prazo, podem comprometer a qualidade, a confiabilidade, a disponibilidade, a segurança e o meio ambiente. O resultado, aparentemente bom, visou na realidade uma "redução de custo a qualquer custo", que poderá ter consequências graves no médio prazo. Este é um exemplo de má gestão.

A "REDUÇÃO DE CUSTO A QUALQUER CUSTO" É UM EXEMPLO DE MÁ GESTÃO.

Por exemplo, a avaliação da qualidade da gestão do Custo de Manutenção pode contemplar, entre outros fatores, os seguintes:

- Grau de cumprimento das Diretrizes de Manutenção e de Confiabilidade estabelecidas;
- % de contratos por resultados;
- % de pessoal qualificado e certificado;
- % de pessoal alocado à manutenção preditiva e à engenharia de manutenção;
- Evolução da taxa de frequência de acidentes pessoais;
- % de Recomendações de Inspeção cumpridas;
- Estado geral das instalações nos aspectos de Ordem, Arrumação e Limpeza.

A ausência de um Sistema de Consequências é um forte fator inibidor do sucesso da Gestão Estratégica.

PODE-SE AFIRMAR, COM CERTEZA, QUE NÃO EXISTE GESTÃO ESTRATÉGICA, SE NÃO EXISTIR UM SISTEMA DE CONSEQUÊNCIAS!

1.4. O Papel do Gerente

É muito importante para uma implementação bem sucedida da Gestão Estratégica que o Gerente exerça o seu papel de líder da sua equipe. É ele o principal responsável pelo sucesso alcançado pela equipe conforme planejado, ou mesmo pelas dificuldades advindas do não comprometimento da equipe com as metas estabelecidas e, consequentemente, com o não atendimento das metas.

O que faz um "Gerente" se tornar um "Gerente de Alta Performance" será abordado no Capítulo 2.

1.5. *Balanced Scorecard* - BSC

Balanced Scorecard ou BSC pode ser traduzido por "Indicadores Balanceados de Desempenho".

É o nome de uma metodologia voltada para a gestão estratégica das empresas no geral, e dos segmentos em particular, que ajuda a orientar as ações cotidianas, diretas e de maneira consistente, em direção às metas do Plano Estratégico.

Por que "indicadores balanceados"?

Esta metodologia pressupõe que as escolha de indicadores não pode estar voltada apenas para uma dimensão, por exemplo, a financeira, ou a disponibilidade das instalações, ou aspectos de segurança, ou de confiabilidade etc. Tomando como exemplo a aviação, não é possível realizar um voo seguro baseando-se, apenas, na velocidade do avião, pois é preciso conhecer outros fatores como nível de combustível, previsão do tempo, rota, destino, altitude, velocidade do vento etc. para ter todo um voo bem sucedido.

Indicadores financeiros, por exemplo, não são suficientes por si só para garantir o sucesso da empresa e, principalmente, a sua sustentabilidade.

Conforme vimos anteriormente, uma boa referência para o número adequado de Indicadores Sistêmicos é de vinte a trinta: um número pequeno de Indicadores pode deixar lacunas importantes na avaliação dos processos-chave e um número excessivo pode levar à dispersão de esforços.

Uma visão integrada e balanceada da empresa permite descrever a estratégia de forma clara, através de objetivos estratégicos em quatro perspectivas:

- Financeira.
- Mercado.

- Processos Internos.
- Aprendizado e Inovação.

Estes objetivos estão relacionados entre si através de uma relação de causa e efeito.

Desta maneira, o desenvolvimento do BSC é um passo fundamental para transformar a empresa numa organização com foco na sua estratégia. (Ver Capítulo 4 – *Balanced Scorecard* – BSC)

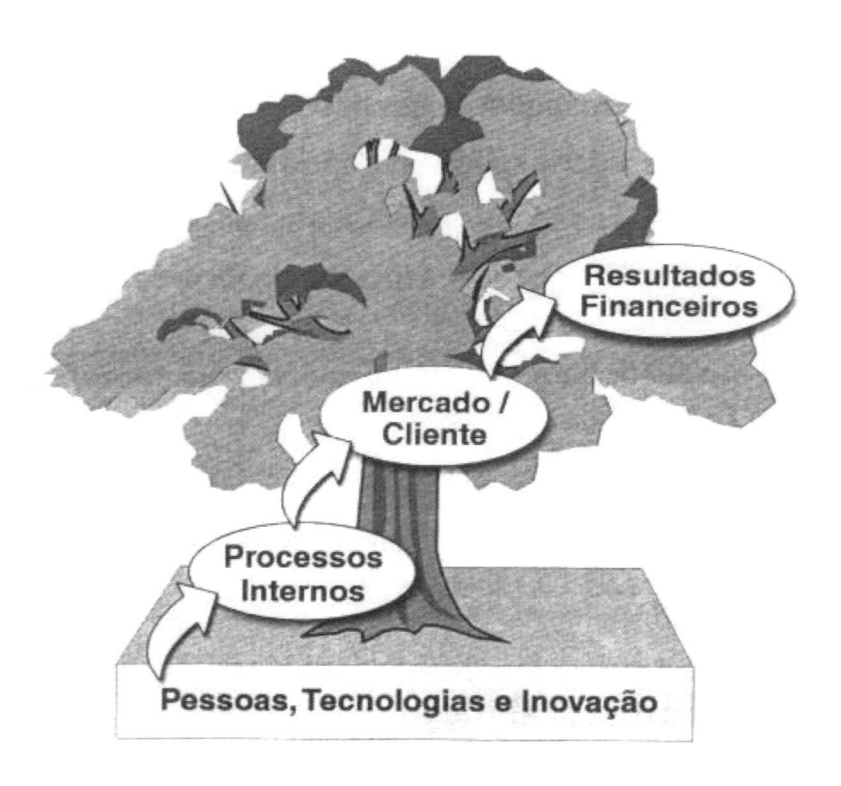

Figura 1.8 – Árvore do BSC.

O BSC foi criado pelos Professores Robert Kaplan e David Norton, em 1992, e, desde então, vem sendo aplicado com bastante sucesso em várias organizações em todo o mundo.

Segundo pesquisas mais recentes, 50% das melhores empresas americanas utilizam o *Balanced Scorecard* e, segundo a revista *Havard*

Business Review, o BSC foi escolhido como uma das práticas de gestão mais importante e revolucionária dos últimos 75 anos.

1.6. Paradigma Moderno

Considerando que a organização precisa atender os seus compromissos com os seus clientes é preciso que, na dimensão "Processos Internos", a empresa esteja organizada de tal maneira que os equipamentos só parem de produzir de forma planejada; é isto que vai garantir o atendimento à qualidade, o custo e prazo adequados, com respeito às questões de SMS – Segurança, Meio Ambiente e Saúde.

Quando o equipamento para de produzir por si próprio, sem uma definição gerencial, estamos diante de uma ocorrência não planejada, ou mesmo de um fracasso dos segmentos envolvidos.

NÃO É MAIS ACEITÁVEL QUE O EQUIPAMENTO OU SISTEMA PARE DE PRODUZIR DE MANEIRA NÃO PREVISTA.

O gerenciamento estratégico consiste em ter a equipe atuando para evitar que ocorram falhas não previstas, e não manter esta equipe atuando, apenas, na correção rápida destas falhas.

Pode ser comparada a uma brigada de combate a incêndio: quando ocorre a emergência a brigada deve atuar rapidamente para extingui-lo, mas a principal atividade da brigada, a partir daí, é evitar a ocorrência de novos incêndios.

Paradigma do passado: "As pessoas sentem-se bem quando executam uma adequada correção de uma ocorrência anormal."

Paradigma moderno: "As pessoas sentem-se bem quando conseguem evitar todas as ocorrências anormais não previstas."

Boa parte das empresas brasileiras ainda atua dentro do paradigma do passado, sendo que algumas já conseguiram caminhar para o paradigma moderno e estão dando grandes saltos nos resultados empresariais.

Na verdade, o homem e a mulher das empresas de vanguarda precisam ser bastante "cabeçudos", não no sentido de serem teimosos, mas no sentido de usarem muito a cabeça para evitar que os problemas aconteçam; em contrapartida terão os braços "bem curtos" para intervir o menos possível nos sistemas produtivos. Sem esta mudança de paradigmas será necessário um grande esforço para obter uma melhoria pouco significativa nos resultados, e esta pequena melhoria não será suficiente para permanecer no mercado. (Ver figura 1.9)

Figura 1.9 - Homem de Vanguarda X Homem do Passado.

1.7. Competitividade

A Competitividade depende, fundamentalmente, da maior produtividade de uma organização em relação aos seus concorrentes. Esta produtividade é medida pela equação mostrada a seguir que é, ao mesmo tempo, simples e complexa.

Competitividade

$$\text{PRODUTIVIDADE} = \frac{\text{FATURAMENTO}}{\text{CUSTOS}}$$

Para otimizar o Faturamento é preciso, entre outros fatores:

- Conquistar novas fatias de mercado;
- Fidelizar clientes;
- Manter o nível de qualidade, garantia de prazos e os preços competitivos;
- Otimizar a campanha das unidades produtivas;
- Minimizar os prazos de parada de produção dos sistemas;
- Minimizar o tempo médio para reparo (TMPR);
- Fazer com que as perdas de produção tendam a zero;
- Maximizar o tempo médio entre falhas (TMEF).

Para se otimizar o Custo é preciso:

- Manter um alto grau de capacitação do pessoal dos diversos segmentos, em especial os ligados às atividades-fim e às atividades- meio mais próximas das atividades-fim, objetivando não só a boa operação como também a minimização das ocorrências de falhas humanas;
- Adotar as melhores práticas de trabalho, com destaque para a engenharia de manutenção aplicada aos novos projetos na busca da alta performance, e nas instalações existentes na busca da causa fundamental da falha;
- Manter a qualidade da gestão e das operações de forma a se ter uma adequada segurança na preservação do meio ambiente – estamos repletos de exemplos recentes de agressão ambiental que resultaram em pesadas multas para as organizações, além de afetarem a sua imagem perante a sociedade;

- Otimizar o consumo energético;
- Manter a qualidade dos serviços e dos produtos adquiridos no mercado;
- Garantir a qualidade dos materiais e sobressalentes;
- Utilizar técnicas modernas para avaliação e diagnóstico das ocorrências anormais;
- Privilegiar a contratação por resultados, sempre que possível.

Falando em faturamento, lucro e custo, é preciso que cada um conheça, pelo menos, alguns macroindicadores de sua empresa como o faturamento, o custo e a sua posição no mercado. Apesar de ser importante continuar reduzindo os custos de produção que, em geral, ainda são altos, é preciso dar prioridade ao aumento da disponibilidade e da confiabilidade dos equipamentos e instalações, já que estes fatores estão intimamente ligados ao faturamento, à segurança e à preservação ambiental e tem um peso muito maior que o custo de maneira isolada.

É por este motivo que uma redução de custo, se mal conduzida, pode levar a significativas perdas de disponibilidade, confiabilidade, segurança e consequências ambientais, que irão afetar o faturamento, o lucro da organização e, até mesmo, desgastes na imagem.

1.8. A Questão de SMS e o Custo

Além das questões de princípios, cidadania e de ética que devem prevalecer quando tratamos de SMS – Segurança, Meio Ambiente e Saúde –, ocorrências anormais nestas áreas afetam de maneira significativa a imagem das Organizações.

Além disto, acidentes pessoais e ambientais causam prejuízos relevantes em forma de indenizações e multas; é esta a maneira reativa que a sociedade encontrou para reverter o quadro de ocorrências anormais, quando as etapas preventivas falharem.

1.9. Produto Operacional Requerido

A produção é, de maneira básica, composta pelas atividades de operação, manutenção e engenharia.

Existem outras atividades que dão suporte à produção: logística de suprimento de matérias primas e expedição de produtos, suprimento de materiais e sobressalentes, inspeção de equipamentos, segurança industrial, recursos humanos, financeira, entre outras.

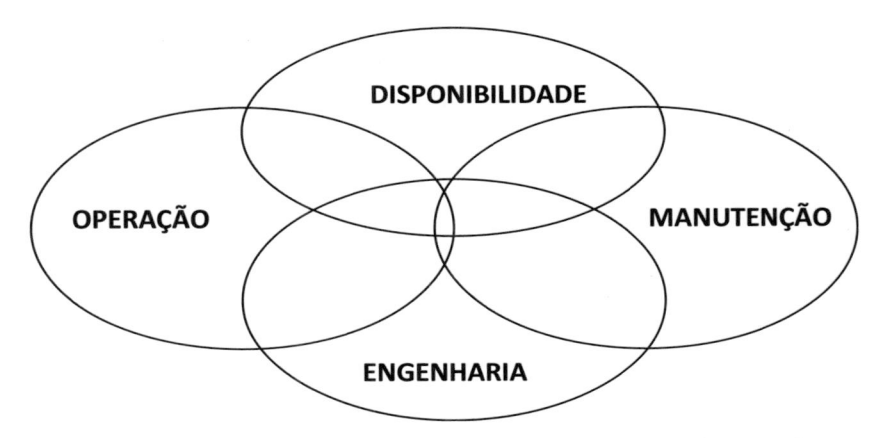

O único produto que a operação deseja comprar de seus fornecedores internos chama-se **MAIOR DISPONIBILIDADE CONFIÁVEL AO MELHOR CUSTO.**

Às vezes o aumento da Confiabilidade é feito com prejuízo da Disponibilidade. Em sistemas de alta complexidade e risco este balanço tende a caminhar para o lado da segurança, como, por exemplo, em sistemas de intertravamento de equipamentos e sistemas críticos que tendem a privilegiar a segurança do equipamento. É preciso ter uma boa análise de risco e de custo x benefício para escolher a melhor opção.

É bom ter em mente que **"quanto maior for a disponibilidade, menor será a demanda de serviços"**. Pode-se medir a tendência da variação da disponibilidade de maneira indireta, medindo-se a tendência da evolução da demanda de serviços. (Ver figura 1.10)

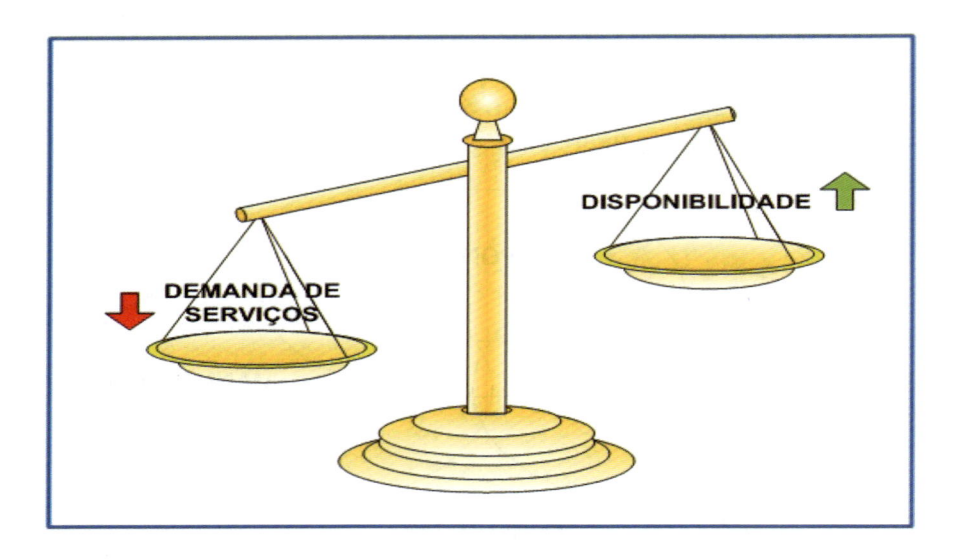

Figura 1.10 – Disponibilidade x Demanda de Serviços.

É comum, na prática, fazer uma certa confusão entre Disponibilidade e Confiabilidade. O seguinte exemplo ilustra bem a questão: a disponibilidade da lâmpada que ilumina a mesa de cirurgia de um neurocirurgião é altíssima, da ordem de um milhão de horas, porém de nada adianta se ela apagar por cinco segundos no meio de uma cirurgia, ou seja, não tiver a adequada confiabilidade, quando necessária! Para aumentar a confiabilidade, neste caso, pode ser usado um sistema redundante de iluminação, como por exemplo, um *back-up*. O que se necessita é a preservação da função iluminação.

1.10. Doenças Graves das Organizações

Existem três doenças graves nas organizações e que constituem uma das vulnerabilidades mais importantes na gestão empresarial:

- Perda de conhecimento: a perda do conhecimento ou mesmo a não aquisição de conhecimentos que suportem o futuro, tem levado à perda de competitividade. Fala-se muito em depreciação do "Ativo Físico", mas muito pouco sobre a depreciação do conhecimento "Ativo Humano".
- Satisfação dos colaboradores: se a "Saúde" dos colaboradores não está bem, pode-se esperar uma grave perda de pro-

dutividade e, em consequência, do faturamento e da competitividade.
- Visão crítica da comunidade: a maneira como a sociedade vê as empresas e sua contribuição para a "Saúde" do planeta é , atualmente, outro fator crítico de sucesso empresarial. Não vai existir empresa excelente empresarialmente se não for, também, excelente em questões de SMS - Saúde, Meio Ambiente e Segurança.

Estas doenças causam sérios riscos de competitividade no médio e longo prazos mesmo que, hoje, o faturamento e o lucro estejam bem.

1.11. Trabalho em Equipe

O trabalho em equipe é o fator crítico de sucesso da organização como já mencionado anteriormente.

Apesar de todos concordarem, esta tem sido a maior dificuldade das organizações e a causa determinante do sucesso ou do fracasso empresarial. Às vezes uma organização com muitos talentos individuais consegue resultados inferiores a uma outra com menos talentos individuais e mais espírito de equipe

Na verdade, embora a questão da importância do trabalho em equipe já tenha sido tema de diversos cursos, seminários e congressos, tanto no Brasil quanto no exterior, alguns sob o sugestivo título "A Guerra dos Aliados", muitas empresas ainda não conseguiram que os seus diversos segmentos formassem um verdadeiro time na busca de soluções para a organização. Até pelo contrário, é comum encontrar especialistas apontando o erro do outro, sobre o qual ele não tem ação, esquecendo-se do seu próprio problema sobre o qual ele pode e deve agir.

É comum, ainda, que esses times não se formem nem dentro do próprio segmento, o que torna a situação ainda mais dramática.

Essa é uma questão que precisa ser encarada, pois é o fator crítico de sucesso mais importante de uma organização que necessita atingir a excelência empresarial para que possa sobreviver no mercado. (Ver Figura 1.11)

Figura 1.11 – Consequência da Falta de Espírito de Equipe.

Comparando a empresa com os barcos da Fig. 1.10 é indispensável para o sucesso que tenhamos em mente:

"Estamos no mesmo barco;
Ninguém pode fazer só peso;
Todos têm que remar;
Remar juntos,

**Na mesma direção e
NA DIREÇÃO CERTA!"**

É importante, também, que cada pessoa entenda que este espírito de equipe é fator crítico de sucesso para a sua empregabilidade.

Convidamos o leitor a fazer uma reflexão entre a seleção brasileira de 1998, que perdeu para a França a decisão da Copa do Mundo, e a seleção brasileira de 2002, que derrotou a Alemanha na Copa do Mundo. (Ver Figura 1.12 – Espírito de equipe)

Figura 1.12 – Espírito de Equipe.

Por ser uma questão abrangente, envolve a integração entre todos os segmentos da organização. O "tratamento das interfaces" tem uma importância grande na busca desta integração.

Deve ser buscada de três maneiras:

- **Processos:** definição clara dos processos chaves, com definição de responsabilidades para cada subprocesso e estabelecimento de procedimentos que possibilitem um trabalho integrado e sem lacunas.
- **Educação**: por meio de um trabalho persistente de treinamento, vivências, visitas à empresas de alta competitividade, depoimentos de pessoas reconhecidas como tendo experiências bem sucedidas, enfim, é uma nova cultura onde todos reconhecem a importância deste tema, mas poucos conseguem implementá-la. Ousamos dizer que é uma questão de sobrevivência e, como tal, uma questão estratégica.
- **Organização**: é preciso criar mecanismos organizacionais que favoreçam a formação destas equipes mistas, trabalhando integradas para a otimização do todo. Isto pode ser conseguido

através de estrutura matricial, times multifuncionais envolvendo os diversos segmentos.

1.12. A Terceirização na Empresa

Considerando que a grande maioria das empresas utilizam a contratação de serviços, a abordagem da gestão estratégica passa, também, por esta ferramenta. Uma nova estratégia está sendo praticada com os chamados contratos de parceria baseados em resultados, sendo os mais significativos aqueles ligados à disponibilidade e à confiabilidade, onde a contratada aumenta a sua lucratividade à medida que melhora a disponibilidade e a confiabilidade das instalações da empresa onde está atuando.

Além destes resultados de disponibilidade e confiabilidade, deve-se ter como premissa e como valor primeiro a busca da excelência nas questões de SMS – Segurança, Meio Ambiente e Saúde.

Neste tipo de contrato NÃO MAIS SE PAGAM "SERVIÇOS", MAS "SOLUÇÕES".

Essa mudança estratégica tem um reflexo direto nos resultados empresariais, tais como:

- Aumento do Faturamento e do Lucro;
- Aumento da Satisfação dos Clientes;
- Otimização de Custos;
- Aumento da Segurança Pessoal e das Instalações;
- Aumento do *Market Share*;
- Aumento da Disponibilidade e da Confiabilidade;
- Preservação Ambiental;
- Garantia da Qualidade;
- Redução da Demanda de Serviços;
- Redução de Lucros Cessantes.

O nível de contratação que já se atingiu no Brasil mostra que é necessária a implementação rápida destes contratos por resultados, para que a terceirização possa contribuir, de fato, para os resultados empresariais da organização. Como a maioria dos contratos no Brasil é paga, ainda, por mão de obra, fica a pergunta: com este tipo de instrumento contratual a Contratada será parceira da Contratante para aumentar os resultados desta Contratante?

A resposta é NÃO!

E a razão desta resposta é óbvia: caso a Contratada contribua para o aumento, por exemplo, do resultado de Disponibilidade estará reduzindo a demanda de serviços, razão de ser do seu maior faturamento e lucro.

É preciso evoluir para o contrato de Resultados onde os dois lados ganham, por exemplo, com o resultado de Disponibilidade.

Esse raciocínio se aplica a todos os segmentos da empresa; vejamos alguns exemplos:

- Contratação de serviços de movimentação e transporte de cargas (logística) – A contratada deve garantir a disponibilidade dos equipamentos para garantir o volume de carga a ser transportada conforme programação;
- Produção – A contratada deve estar trabalhando segundo as mesmas metas do pessoal próprio, seja na quantidade, qualidade e custo final do produto;
- Serviços de Manutenção – A disponibilidade dos equipamentos para a produção deve ser a mesma meta a ser perseguida por ambos – Contratante e Contratado.

A situação da contratação de serviços de manutenção no Brasil está mostrada na figura 1.13.

FORMAS DE CONTRATAÇÃO
Distribuição percentual

- MÃO DE OBRA: 55 a 60%
- SERVIÇOS: 30%
- RESULTADOS: 10 a 15%

Este NÃO É um quadro estrategicamente correto

Figura 1.13 – Formas de Contratação no Brasil x Percentuais.

Os percentuais praticados no Brasil, mostrados na figura 1.13, para as três modalidades básicas de contratação devem ser alterados, rapidamente, considerando os referenciais internacionais e que, com certeza, levarão a melhores resultados empresariais e que são:

- Contrato de mão de obra em torno de 5%, o que significa uma grande redução em relação ao praticado atualmente;
- Contrato de serviço em torno de 30%, que é o que se tem praticado hoje;
- Contrato por resultado em torno de 65%, o que significa uma grande elevação em relação ao praticado hoje.

Na verdade, a contratação por resultados nada mais é do que a Terceirização na sua real definição.

1.13. Conceito Moderno da Função Operacional

Na área operacional, até bem pouco tempo, o conceito predominante era o de produzir e quando houvesse algum problema operacional, caberia aos segmentos envolvidos: operação, manutenção e engenharia, restabelecerem as condições originais dos equipamentos/sistemas.

Hoje, a Missão adequada desta área operacional, além de produzir, é em conjunto com os seus fornecedores internos:

> **GARANTIR A DISPONIBILIDADE DA FUNÇÃO DOS EQUIPAMENTOS E INSTALAÇÕES DE MODO A ATENDER A UM PROCESSO DE PRODUÇÃO OU DE SERVIÇO, COM QUALIDADE, CONFIABILIDADE, SEGURANÇA, QUANTIDADE, PRESERVAÇÃO DO MEIO AMBIENTE, PRAZO E CUSTO ADEQUADOS.**

No exemplo anterior, a missão não é preservar a lâmpada (equipamento), mas sim a função do sistema (iluminação). Essa mudança no conceito da Missão afeta, sobremaneira, as ações do homem e da mulher da área de produção.

Se no passado era comum um gerente dizer que seu principal problema era falta de gente, hoje não se tem dúvida, que o seu principal problema é o EXCESSO DA DEMANDA DE SERVIÇOS, figura 1.14, decorrente de uma CONFIABILIDADE não adequada devido a, entre outros, os seguintes fatores:

- Lacunas na capacitação das pessoas envolvidas;
- Deficiências no processo de gestão.

A questão Falta de Gente X Excesso de Demanda pode parecer um jogo de palavras, mas não é. Se no primeiro caso a solução passa pelo simplismo de se colocar mais gente o que, diga-se de passagem, é um caminho pouco inteligente, no segundo caso os caminhos são diferentes, como veremos adiante.

Figura 1.14 – Falta de Gente ou Excesso de Demanda?

1.13.1. Redução da Demanda de Serviços

A redução da demanda de serviços passa, necessariamente, pelo aumento da disponibilidade, da confiabilidade, da qualidade do atendimento, da segurança e da otimização de custos. Esta redução da demanda passa pelas seguintes causas básicas. (Ver figura 1.15)

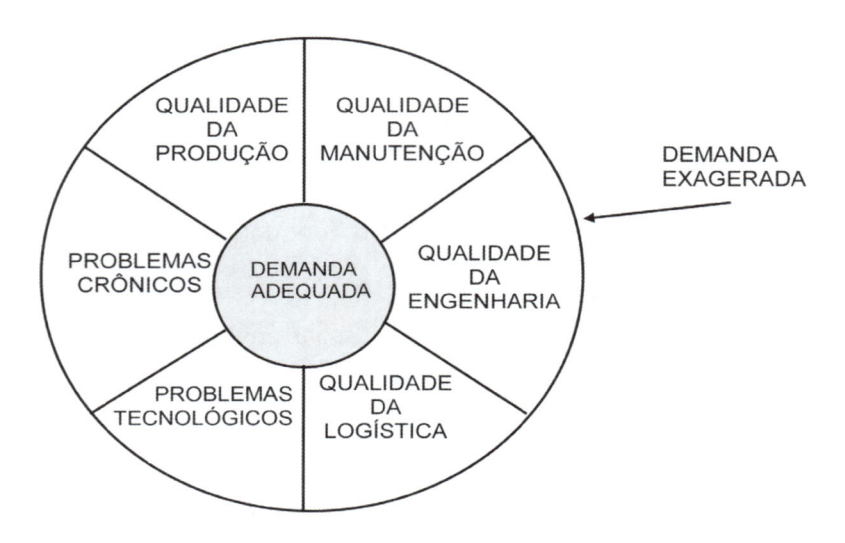

Figura 1.15 – Causas da Demanda de Serviços.

- QUALIDADE DA MANUTENÇÃO: a falta de qualidade na manutenção provoca o "retrabalho", que nada mais é do que uma falha prematura. A figura 1.16 mostra todo o fracasso da manutenção e a frustração do cliente quando isto acontece, além das perdas de produção daí decorrentes.

Figura 1.16 – Retrabalho na Manutenção.

- QUALIDADE DA PRODUÇÃO: do mesmo modo, sua não qualidade provoca um defeito prematuro, não por uma questão da qualidade intrínseca do equipamento/sistema, mas por uma ação operacional incorreta; também aqui a consequência imediata pode ser a perda de produção.

- PROBLEMAS CRÔNICOS: existem problemas que são decorrentes da qualidade não adequada do projeto da instalação e do próprio equipamento (*hardware*). Devido ao paradigma ultrapassado de restabelecer as condições dos equipamento/sistemas, as pessoas da empresa habituaram-se a não buscar a causa básica dos problemas e, com isto, dar uma solução definitiva que evite a repetição da falha. Com este procedimento é comum conviver com problemas repetitivos, ainda que de solução conhecida. Isto traduz uma cultura conservadora que precisa ser mudada.

- QUALIDADE DA ENGENHARIA: falhas de projeto, fabricação, instalação e montagem causam grande indisponibilidade ao processo produtivo e sobrecarregam as equipes de operação, manutenção e engenharia.

- QUALIDADE DA LOGÍSTICA: falhas de recebimento de matéria prima e entrega de produtos acabados podem provocar: atraso, qualidade e quantidades inadequadas, danificação de embalagens e do próprio produto, contaminações que causam perda de qualidade, avarias etc.

- PROBLEMAS TECNOLÓGICOS: a situação é exatamente a mesma de "Problemas Crônicos", apenas a solução não é de todo conhecida. Isto exigirá uma ação de engenharia mais profunda e que deverá redundar em melhoria ou modernização dos equipamentos/sistemas.

PODE-SE AFIRMAR, COM CERTEZA, QUE ESTA DEMANDA DE SERVIÇOS PODE SER SENSIVELMENTE REDUZIDA !

Todas essas questões só serão resolvidas, eficazmente, através de um enfoque sistêmico que nada mais é que uma Gestão Estratégica.

Para otimizar a organização como um todo várias ferramentas estão disponíveis, mas que só darão resultados eficazes na medida em que as pessoas internalizarem uma nova cultura, sua missão estratégica, seus novos paradigmas, a prática do trabalho em equipe, a multifuncionalidade ou polivalência.

Enfim, estamos diante da necessidade de um grande processo de mudança. (Ver figura1.17)

Figura 1.17 – "Martelo de Abrir Cabeça".

A Gestão pela Qualidade Total - GQT, implantada em várias organizações, tem se mostrado uma ferramenta bastante eficaz, quando aplicada corretamente, levando a uma grande melhoria de resultados.

No bojo da GQT, diversos outros instrumentos têm se revelado importantes:

- Gerência da Rotina;
- Gerência pelas Diretrizes;
- 5 S : trata-se de uma ferramenta poderosa e que deve ser o primeiro passo na implantação da Gestão pela Qualidade Total;

- TPM: Total Productive Maintenance;
- ISO 9000 – Sistema de Gestão da Qualidade;
- ISO 14000 – Sistema de Gestão Ambiental;
- SA 8000 – Responsabilidade Social.

1.14. Gestão de Ativos – Processo Evolutivo

A Gestão de Ativos é a terceira etapa do processo de gestão que, nos últimos quinze anos, evoluiu rapidamente passando pelas seguintes fases:

- Até meados dos anos 90, predominava, apenas, uma visão essencialmente tecnológica como se somente o conhecimento técnico fosse garantia de sucesso;
- Na virada do milênio, a comunidade empresarial passou a praticar a gestão dos diversos macroprocessos como, por exemplo, o financeiro, a operação, o marketing e a manutenção, o que propiciou fazer com que o conhecimento tecnológico, que é indispensável, pudesse levar à melhores resultados empresariais;
- A partir da metade da década passada, iniciou-se a etapa da Gestão de Ativos, com um enfoque sistêmico de toda a organização, ou seja, a gestão dos diversos macroprocessos que compõe a organização devem estar direcionados para o macro processo da organização objetivando otimizar o todo. A otimização de cada macroprocesso de forma isolada não significa, necessariamente, a otimização do todo.

1.14.1. A Gestão de Ativos

Trata-se de uma atividade corporativa focada nos ativos tangíveis (equipamentos e sistemas). A Gestão de Ativos compõe-se de atividades e de tomada de decisões que cobrem as fases do ciclo de vida do investimento que incluem o projeto, a aquisição, a qualificação das pessoas, a pré-operação, a operação, a manutenção (incluindo melhorias e administração) e a fase de descomissionamento e descarte.

Figura 1.18 – Gestão de Ativos.

De acordo com a padronização BSI-PAS 55, *"Gestão de Ativos são atividades e práticas sistemáticas e coordenadas pelas quais uma organização gerencia, de forma ótima e sustentável, seus ativos, os desempenhos associados, os riscos e despesas ao longo dos seus ciclos de vida para o propósito de cumprir o seu planejamento estratégico"*.

Derivados dos objetivos principais de uma empresa, dentre os quais o aumento do seu valor intríseco que ocorre a longo prazo, são definidos planos de ação focados no desempenho operacional, na sustentabilidade e no ciclo de vida dos ativos. O alinhamento das ações engloba o valor da empresa, os recursos humanos e o meio ambiente.

A Gestão de Ativos pode ser definida como um sistema que contribui para o sucesso econômico de uma empresa, medido através do ROA (*Return on Assets* ou Retorno sobre os Ativos). Esse índice mede o retorno do capital empregado e interessa sobremaneira aos acionistas.

No entanto, a Gestão de Ativos também proporciona desenvolvimento social e ambiental das empresas, além do sucesso financeiro, o que caracteriza o desenvolvimento sustentável.

Simplificadamente pode-se afirmar que a Gestão de Ativos é um conjunto de diversas ações levada a efeito de modo eficiente. Esse conjunto de ações permeia todas as atividades de uma organização e garantem que o resultado final será o mais adequado. Esse resultado é fundamental para que a empresa seja competitiva e permaneça no mercado.

Do ponto de vista empresarial, a Gestão de Ativos se constitui em um conjunto de atividades associadas a:

- Identificar os ativos que serão necessários,
- Quantificar os recursos financeiros necessários e obtê-los,
- Projetar e especificar adequadamente os ativos,
- Adquirir os ativos segundo a especificação técnica,
- Fazer a instalação e montagem de acordo com as melhores práticas e recomendações dos fornecedores e normas / padrões existentes,
- Treinar o pessoal de operação e de manutenção,
- Fazer o comissionamento e a partida conforme os procedimentos,
- Prover suporte operacional, logístico e de manutenção durante a operação dos ativos,
- Providenciar as melhorias e reformas necessárias e convenientes nos ativos,
- Substituir os ativos em final de vida útil,
- Descomissionar os ativos em disposição,
- Descartar os ativos descomissionados,

de modo que, durante todo o ciclo de vida, os ativos apresentem a performance esperada para que os objetivos definidos sejam alcançados.

A Gestão de Ativos que é um novo paradigma que o mundo desenvolvido já empunha e que as empresas brasileiras, em nível de excelência, já começam a empunhar, tem a grande vantagem de colocar todo o pessoal dos diversos macro-processos no mundo financeiro e junto das decisões estratégicas da organização.

1.14.2. Ativos e Custo do Ciclo de Vida

Ativo é qualquer item físico que tenha valor econômico ou monetário, pertença a um indivíduo ou a uma corporação, especialmente aquele que possa ser convertido em dinheiro.

Campbel, classifica os ativos nos seguintes grupos, conforme Figura 1.19:

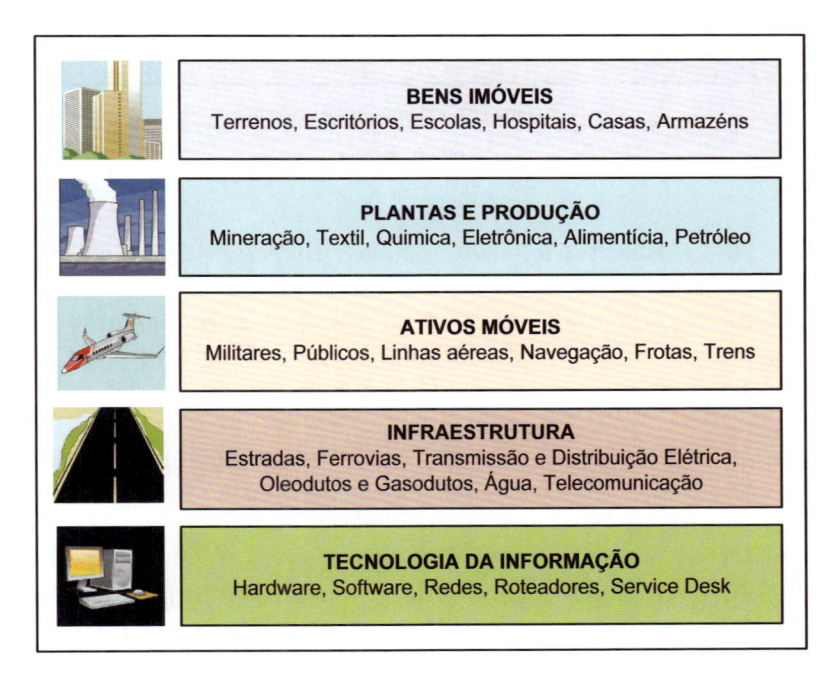

BENS IMÓVEIS
Terrenos, Escritórios, Escolas, Hospitais, Casas, Armazéns

PLANTAS E PRODUÇÃO
Mineração, Textil, Quimica, Eletrônica, Alimentícia, Petróleo

ATIVOS MÓVEIS
Militares, Públicos, Linhas aéreas, Navegação, Frotas, Trens

INFRAESTRUTURA
Estradas, Ferrovias, Transmissão e Distribuição Elétrica, Oleodutos e Gasodutos, Água, Telecomunicação

TECNOLOGIA DA INFORMAÇÃO
Hardware, Software, Redes, Roteadores, Service Desk

Figura 1.19 – Classificação dos Ativos.

Todos os ativos físicos têm um ciclo de vida e valores financeiros a ele associados surgindo assim a expressão Custos do Ciclo de Vida (*life cycle costs* - LCC).

Segundo a SAE (1999), Custo do Ciclo de Vida é o custo total de propriedade de máquinas e equipamentos, incluindo o seu custo de aquisição, operação, conversão, manutenção e / ou demolição/descarte. Em outras palavras, os Custos do Ciclo de Vida (LCC) são todos os custos diretos e indiretos necessários à aquisição, instalação, operação, manutenção e descarte de equipamentos e sistemas.

A figura 1.20 mostra os custos que incidem nas fases do ciclo de vida dos ativos.

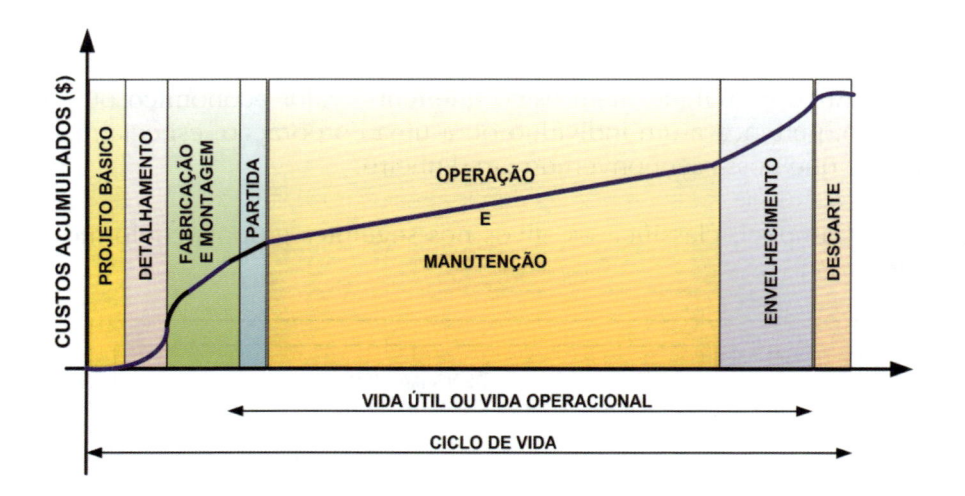

Figura 1.20 – Custo do Ciclo de Vida dos Ativos (Life Cycle Cost – LCC)

O objetivo da análise do LCC é escolher a abordagem mais rentável a partir de uma série de alternativas para atingir o menor custo a longo prazo.

Usualmente os custos de operação, manutenção e descarte excedem os custos anteriores e chegam a ser de duas a vinte vezes o custo inicial de aquisição.

Os diversos departamentos da empresa devem se adequar para participarem, efetivamente, de todas as fases do ciclo de vida dos ativos e unirem esforços para a obtenção de melhores resultados. Nas empresas onde ainda se trabalha isoladamente ocorrem situações como as citadas abaixo, onde cada um dos departamentos pensa exclusivamente em si:

- Engenharia quer minimizar os custos de capital como único critério;
- A Manutenção quer reduzir os seus custos, exclusivamente;
- A Operação quer ver maximizada a disponibilidade dos ativos;
- A Engenharia de Manutenção quer evitar falhas, e só;
- O Financeiro quer reduzir ao máximo as despesas do projeto e os custos de rotina;
- Os Acionistas querem aumentar os lucros, com uma visão de curto prazo.

Cada um pensa segregadamente no seu departamento acreditando que isso seja suficiente para o sucesso da Organização. Enquanto não houver uma atuação compartilhada, como um time ou uma equipe, já tratado neste capítulo, os resultados da empresa não garantirão a sua sobrevivência.

1.15. Fatores Adicionais

Além de tudo que já foi dito sobre a gestão estratégica da empresa, alguns pontos precisam, ainda, serem considerados em função das peculiaridades de cada organização:

- Implantar uma sistemática de orçamentação para os serviços de maior custo, levando-se, sempre, em consideração a relação custo x benefício;
- Analisar a causa de ocorrência de perdas e, à luz do custo x benefício, implementar ações que visem eliminar tais perdas;
- A realização de investimentos precisa ser precedida de uma cuidadosa análise da sua taxa de retorno;
- Alocar aos solicitantes os custos dos serviços correspondentes (operação, manutenção, logística, etc);
- Reavaliar a frequência de problemas em equipamentos e decidir, à luz do custo x benefício, sobre a viabilidade da sua modernização ou mesmo a sua substituição;
- Evitar operar equipamentos fora das suas condições de projeto;
- Identificar equipamentos que estejam operando fora das suas condições de projeto, gerando elevada demanda de serviços, e analisar a conveniência de sua recapacitação ou mesmo a sua substituição;
- Rever, continuamente, os programas de manutenção preventiva, visando a otimização de sua frequência, considerando as novas tecnologias de manutenção preditiva que são, normalmente, mais vantajosas;
- Rever a metodologia de inspeção e procurar aumentar o tempo de campanha das Unidades ou Sistemas;
- Incrementar o acompanhamento de parâmetros preditivos, visando trabalhar mais próximo dos limites estabelecidos e, com isso, aumentar o tempo de campanha com confiabilidade;

- Estudar métodos para aumentar a previsibilidade das inspeções antes das Paradas das Unidades, inclusive com as novas tecnologias de inspeção;
- Adotar a produção com qualidade tomando como referência indicadores de desempenho das melhores empresas, preferencialmente internacionais;
- Aumentar a confiabilidade e a disponibilidade das unidades industriais, através do trabalho integrado entre a operação, manutenção e a engenharia, atuando prioritariamente nas seguintes áreas:

    » Ênfase na preditiva e na engenharia de manutenção;
    » Solução de problemas crônicos;
    » Eliminação de reserviços;
    » Elaboração e utilização de procedimentos operacionais e de manutenção;
    » Participação da área de produção na análise de novos projetos;
    » Participação da operação em programas de manutenção produtiva total – TPM;
    » Ênfase em Paradas de Manutenção de mínimo prazo, à luz do custo x benefício.

- Garantia dos prazos de execução de serviços, especialmente das Paradas de Manutenção programadas das Unidades;
- Preservação da melhoria contínua da capacitação, através da busca, avaliação, aplicação e incorporação de novas tecnologias, da realização de programas de treinamento e do desenvolvimento de novos métodos e procedimentos, tanto na área de operação, como nas áreas de manutenção, engenharia de produto, logística, entre outros;
- Redução das interdependências na execução dos serviços, priorizando a capacitação, a multifuncionalidade e a garantia da qualidade pelo executante;
- Utilização plena dos recursos próprios de execução orientados para os serviços de grande complexidade tecnológica ou críticos, atuando, prioritariamente, de forma multidisciplinar;
- Contratação de empresas capacitadas técnica e gerencialmente, observando os aspectos de economicidade, qualidade, pre-

servação de tecnologia, risco operacional, riscos materiais e humanos e necessidade de conhecimento global de sistemas, viabilizando o desenvolvimento e consolidação da experiência do mercado prestador de serviços, buscando contratos o mais próximo possível dos de parceria, através da:

- » Adoção de prazos contratuais longos que, inclusive, favorecem o incremento tecnológico;
- » Utilização do "Melhor Preço" no lugar do "Menor Preço", que nada mais é que adoção de fatores redutores do preço cotado para as empresas com melhores resultados, para efeito de comparação com os demais concorrentes;
- » Incentivo ao aumento da segurança e da produtividade dos serviços e da disponibilidade das instalações e equipamentos, com ganhos divididos entre as partes;
- » Exigência de empregados qualificados e certificados para atividades mais críticas;
- » Programa de auditoria nos contratos.

• Implementação de auditorias periódicas pela alta administração de cada macro processo e, também, da empresa, em conjunto com os órgãos operacionais, para verificação do uso das diretrizes de gestão nas diversas áreas da empresa.

1.16. Considerações Finais

O novo papel de liderança requerido do gerente junto à força de trabalho para se ter uma Gestão Estratégica é o grande desafio a ser enfrentado nestes novos tempos.

A visão sistêmica do negócio, a mudança de paradigmas e de conceitos, levará a grandes inovações.

Neste contexto, é de fundamental importância que o gerente seja o agente de mudanças, lidere esta nova fase, que será de uma caminhada cheia de novos desafios.

Por outro lado, o não entendimento desta nova rota levará, certamente, a perdas incalculáveis ou, até mesmo, à falência da empresa ou do seu emprego.

Esta é uma grande oportunidade. É PRECISO APROVEITÁ-LA.

> Se queres progredir não deves repetir a história, mas fazer uma história nova.
>
> Para construir uma nova história é preciso trilhar novos caminhos.
>
> *Gandhi*

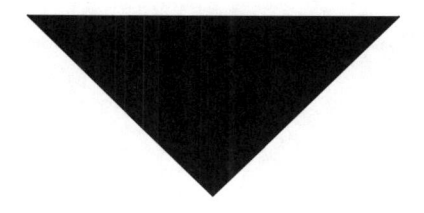

2 – O Papel do Gerente

Poderíamos começar com uma pergunta:

O que faz um "Gerente" se tornar um "Gerente de Alta Performance"?

Para ser um Gerente de Alta Performance, é preciso primeiro ser um Líder e, evidentemente, um Líder de Alta Performance.

Uma das grandes equações do Gerente-Líder é fazer com que todas as pessoas de sua equipe estejam de corpo e **ALMA** na empresa.

É preciso que as pessoas executem suas tarefas com amor, com paixão. A execução, pura e simplesmente, de tarefas de maneira burocrática apenas ajuda, no máximo, a manter a situação atual e, portanto, não são suficientes para uma empresa que quer se perpetuar no mercado tornando-se uma Empresa de Alta Performance.

Isso vale também para as pessoas que querem se tornar Pessoas de Alta Performance.

O SIGNIFICADO DE PESSOAS DE ALTA PERFORMANCE É:

- ESTAREM DE CORPO E ALMA NAQUILO QUE FAZEM;
- PAIXÃO PELO QUE FAZEM;
- TEREM CONHECIMENTO DE PONTA.

Se as pessoas da equipe precisam estar de corpo e alma e fazerem as coisas com amor, com paixão, estas questões são ainda mais vitais para o Gerente - Líder

O LÍDER PRECISA ESTAR PRESENTE DE CORPO E ALMA E TER PAIXÃO PELO QUE FAZ.

O líder precisa transmitir ânimo para os colaboradores reconhecendo de forma visível as contribuições das pessoas à Visão Comum. Com uma nota de agradecimento, com um sorriso, com um prêmio e com elogios públicos, o líder faz os outros saberem o quanto representam para a organização.

2.1. Características Básicas que Estão Presentes no "Gerente De Alta Performance":

- **Visão Estratégica:** quer seja participando das definições estratégicas da sua organização, quer pautando suas ações cotidianas com foco na estratégia estabelecida. Apesar de ser óbvio, a grande maioria dos gerentes não tem esta característica. Gerenciar é fazer escolhas, é definir prioridades e, desta maneira, dirigir corretamente os recursos da organização:
    » Capital humano;
    » Recursos físicos;
    » Financeiros;

- **Visão Sistêmica:** além da visão estratégica que é muito importante, é indispensável ter uma visão integradora e lateral de todas as áreas que compõe a organização;

- **Disciplina:** é esta característica que faz com que os colaboradores trabalhem sempre com foco nas ações mais importantes rumo às metas estratégicas;

- **Bom Exemplo:** o gerente sempre lidera pelo exemplo, bom ou ruim, e não pelo discurso. Os colaboradores sempre observam as atitudes e a coerência entre o discurso e a prática do gerente. A mensagem que fica para os colaboradores é a da prática gerencial, daí a importância do bom exemplo: **"GERENCIAR PELO BOM EXEMPLO"**.

- **Comunicação:** conforme já visto anteriormente, além das informações institucionais através de jornais, informativos, cartazes, quadro de avisos etc. que é a parte menor da comunicação, é fundamental comunicação "olho no olho", aquela que é feita pessoalmente pelo Gerente com seus colaboradores, numa troca construtiva de informações. Abordar a evolução dos indicadores, ocorrências anormais, fatos relevantes da empresa, elogios por desempenho e resultados acima dos esperados etc.

- **Valorização das Pessoas:** é importante que os colaboradores percebam a importância do seu trabalho para os resultados da equipe e da empresa. Isto pode ser conseguido através de abertura de espaços em reuniões para manifestação dos colaboradores tanto de aspectos do trabalho, como também de aspectos pessoais, citação favorável em público de pessoas que se destacaram, incentivos para que trabalhos de maior relevância tenham destaque na empresa ou mesmo fora dela através de participação em Congressos e Seminários etc.

- **Relacionamento:** Manter um nível de relacionamento bem próximo da equipe. Para isto é importante que se celebre com a equipe o sucesso alcançado em algum aspecto relevante, abertura de espaços para conversas do tipo "café da manhã" etc.

- **Articulador:** é muito importante que se faça uma boa articulação com os diversos públicos de interesse aí incluídos os seus pares na organização, os superiores, o movimento sindical, a força de trabalho, a comunidade externa, os clientes, em fim, todos os públicos que são afetados e podem ajudar no equacionamento de ações que possam contribuir para se atingir as metas estratégicas.

- **Capacidade de fazer acontecer:** o Gerente tem um papel fundamental na Gestão Estratégica; é ele o responsável maior pelos resultados de sua equipe. Para que a equipe alcance os resultados pretendidos é preciso, antes de tudo, que ela participe da formatação do Plano de Ação e saiba, claramente, qual é o papel de cada membro na execução deste plano.

- **Energizador:** cabe ao Gerente planejar e executar ações visando energizar e manter a motivação de todo o grupo, fator indispensável para alcançar os objetivos pretendidos.

2.2. Mudança X Desconforto

Estamos vivendo um processo de mudanças permanentes, e toda mudança causa desconforto. Como cabe ao gerente liderar o processo, ele sempre estará causando desconforto. Podemos dizer que, neste caso, é papel do gerente causar desconfortos na organização e, consequentemente, também nas pessoas.

É importante ressaltar que estamos falando de desconforto que tenha sido causado pela implementação de novas mudanças, pelo estabelecimento de desafios arrojados a serem alcançados, pela clareza de que estamos buscando ser os primeiros no segmento de atuação da nossa empresa.

Precisamos buscar ser a referência, para isto temos que estabelecer e viver em uma cultura de mudança.

SÓ A MUDANÇA GERA CRESCIMENTO!

2.2.1. Modelo Mental

O Modelo Mental que cada um de nós carrega não é fruto do destino nem nascemos já rotulados com ele; é fruto do conhecimento da sua existência e, a partir daí, construirmos o nosso Modelo Mental que vai nortear nossas ações.

Construir este novo modelo significa, primeiro, realizar uma mudança em nós mesmos; algumas características evolutivas do Modelo Mental:

Mudança de Modelo Mental

De	Para
Ações Corretivas	Ações Preventivas
Foco na Quebra	Bloqueio das Causas
Foco no Custo	Foco nos Resultados Empresariais
Visão Isolada	Visão Sistêmica e Integrada

Procedimentos	Princípios
Gestão de Processo Isolado	Gestão de Ativos
Atividades Funcionais	Atividades Multidisciplinares
Vigilância Permanente	Confiabilidade

2.2.2. Mito da Autoridade para Implementar Mudanças

Uma das primeiras características das pessoas resistentes a mudanças é a afirmação de que a mudança para acontecer precisa vir do número "1" da organização; podemos dizer que esta afirmação nada mais é do que uma meia verdade.

Afinal, quem é o número "1"?

Existe, em cada nível da organização, um número "1", a saber: Presidente, Diretores, Gerentes Executivos, Gerentes Gerais, Gerente de Departamento, Gerente Setorial, Supervisores e, finalmente, VOCÊ!

Para se iniciar um processo de mudança é indispensável que ela comece com VOCÊ: VOCÊ É O NÚMERO 1!

2.2.3. Importância da Liderança para Acontecer Mudanças

Para se obter melhores resultados é preciso que se realize mudanças porque, caso contrário, os resultados serão sempre os mesmos; mudanças só ocorrem se houver liderança, que por sua vez, corre risco de um eventual mal resultado.

Resumindo:

- Melhores Resultados dependem de Mudanças;
- Mudanças dependem de Lideranças;
- Lideranças correm Riscos.

Fica a pergunta: Você está disposto a correr riscos?

PORQUE A LIDERANÇA É FUNDAMENTAL ?

* Porque melhores resultados dependem de mudanças
* Mudanças dependem de lideranças
* Lideranças correm riscos

Você, leitor, está disposto a correr riscos?

Se você quer ser uma pessoa que faça diferença na organização, **não** tenha receio de ser um Agente de Mudança; as organizações precisam destas pessoas que façam a diferença e isto vai reforçar, inclusive, a sua empregabilidade.

2.2.4. Características do Agente de Mudança

Para que se possa minimizar o risco de uma mudança mal sucedida é preciso que se tenha clareza das características importantes que devem ser obervadas no processo, são elas:

- **Objetivo:** é necessário ter foco, ter clareza dos resultados que podem ser alcançados com a mudança pretendida;
- **Disciplina:** o estabelecimento de um processo de mudança exige um plano de ação e muita disciplina em segui-lo, caso contrário vamos mudá-lo ao sabor do vento e se perderá o foco e a liderança do processo;
- **Conhecimento:** é preciso ter amplo conhecimento do que se quer e para que mudar. É isto que vai propiciar o treinamento das pessoas envolvidas e, por consequência, o seu comprometimento;
- **Articular Aliados:** é preciso criar um núcleo coordenador da mudança até como forma de compartilhar o processo e, por consequência, os seus resultados esperados; não se vai a nenhum lugar sozinho;

- **Convicção da Mudança:** a liderança, em primeiro lugar, e o núcleo coordenador, em segundo lugar, precisam ter convicção de que a mudança pretendida vai levar a resultados importantes para a organização. Nada mais nefasto para o processo se for percebido que a liderança não tem esta convicção e que a mudança é apenas um modismo;
- **Comunicação das Vantagens da Mudança:** é importante que se tenha clareza das vantagens e dos resultados esperados, e que isto seja negociado com a gerência superior da organização e divulgado para todo o "time" envolvido no processo. Isso transmite credibilidade ao processo e às pessoas envolvidas;
- **Energizador:** as reações às mudanças certamente ocorrerão, é própria da cultura da maioria das organizações e das pessoas, infelizmente. Entretanto, cabe à liderança ter a capacidade de estar sempre energizando o processo mostrando, sobretudo para o "time" envolvido, que as reações são naturais e que os resultados serão importantes e vão acontecer;
- **Coragem:** se quisermos, simplesmente, passarmos pela vida e pelas organizações não se deve liderar mudanças, mas é preciso ter consciência que o nosso emprego também pode passar. Se mudanças são necessárias alguém as fará – a escolha é sua;
- **Estratégia:** é preciso ter uma estratégia de implantação que passa pelos pontos já citados anteriormente; queimar etapas é uma alternativa que pode levar ao fracasso e fracasso não é o resultado que se quer obter de um processo de mudança;
- **Persistência:** esta é uma característica fundamental e indispensável à liderança do processo. No início de um processo de mudança o esforço será grande e os resultados não serão proporcionais a este esforço despedido; isto é normal e não pode levar ao desânimo e, sim, ter uma clareza que estas dificuldades são inerentes ao processo e só serão ultrapassadas com **PERSISTÊNCIA.** (Ver figura 2.1)

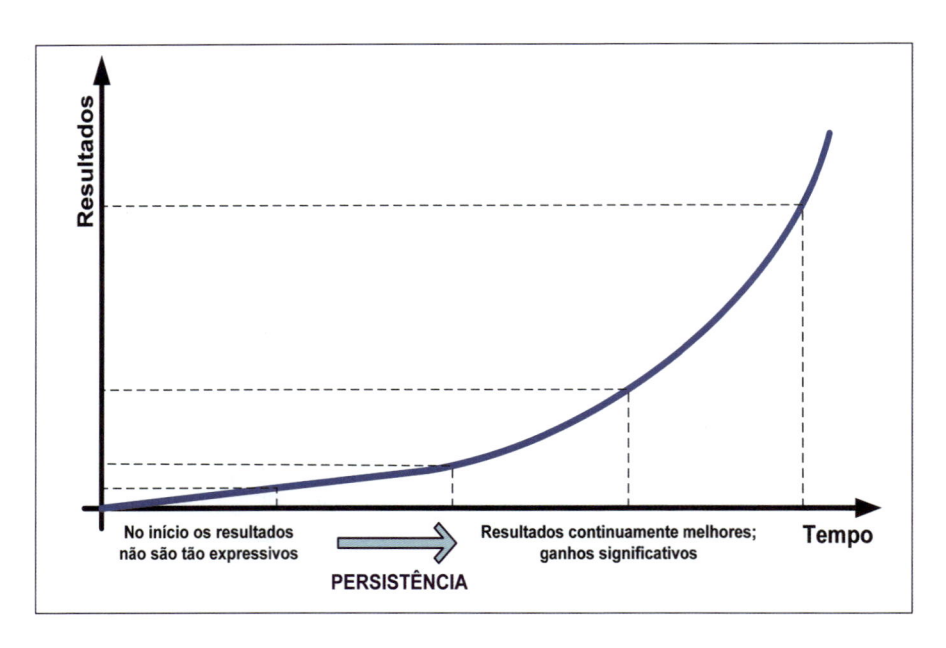

Figura 2.1 – Resultados x Tempo.

> O que faz a diferença na Gestão não é só conhecer o que fazer, mas fazer acontecer
>
> # RÁPIDO!
>
> Com Qualidade e respeito à Segurança, ao Meio Ambiente e à Saúde
>
> **Alan Kardec**

2.3. Sucesso

O sucesso é resultado de uma busca constante e firme das metas estabelecidas. Muitas pessoas pensam que o sucesso depende apenas de muito talento. Apesar de ser uma característica importante e necessária ela não é suficiente. Só se alcança o sucesso com muita paixão e determinação. As pessoas e as empresas bem sucedidas têm estas características indispensáveis. Podemos dizer, com certeza, que a paixão e a determinação são as características mais importantes para se alcançar o sucesso.

Bernardinho, técnico da seleção brasileira vice-campeã olímpica de vôlei, tem esta equação muito clara na sua caminhada vitoriosa:

TALENTO + DETERMINAÇÃO + PAIXÃO = SUCESSO!

Mas afinal, o que é o sucesso? Existem muitas definições, mas uma que se aplica a muitas situações pode ser sintetizada em:

- Obtenção sistemática de resultados de excelência e, não, resultados de forma eventual.

2.4. Você é um Ganhador?

As pessoas, de uma maneira geral, querem vencer, mas nem todos alcançam o podium. O motivo é que a vontade de se preparar tem que ser maior que a vontade de vencer; por exemplo: todos tem vontade de passar no vestibular, mas nem todos se preparam adequadamente e, por isto, não atingem o podium.

Algumas comparações importantes:

- Um ganhador se compromete, um perdedor faz promessas;

- Um ganhador trabalha mais duro que o perdedor e tem mais tempo;

- Um perdedor está sempre "muito ocupado" e sem tempo para fazer o que é necessário;

- Um ganhador diz: "deve haver uma melhor maneira de fazê-lo...", um perdedor diz: "Esta é a maneira que sempre fizemos";

- Um ganhador escuta, compreende e responde, um perdedor somente espera uma oportunidade para falar;

- Um ganhador diz: "Eu sou bom, porém não tão bom como eu gostaria de ser", um perdedor diz: "Eu não sou tão ruim como tantos outros".

E ainda, algumas frases para você refletir:

- A melhor forma de prever o futuro é criá-lo (Peter Drucker);

- Começar já é a metade de toda a ação (provérbio grego);

- O rio chega ao mar porque aprendeu a contornar obstáculos (Lao Tse);

- Uma caminhada de mil quilômetros começa com o primeiro passo (Lao Tse);

- Nada existe de permanente a não ser a mudança (Heráclito);

- A persistência é o caminho do êxito (Charles Chaplin);

- Se o homem não sabe a que porto se dirige, nenhum vento lhe será favorável (Sêneca).

2.5. Atitude

Queremos ressaltar aqui, a importância das pessoas vencedoras terem esta característica muito presente e, sobretudo, terem uma clareza que é somente tomando atitudes, com coragem e com energia, é que fazemos a diferença para que as coisas aconteçam.

2.6 Perfil de Gerentes Presentes nas Organizações

Em qualquer organização, semelhante a uma equipe esportiva, existe três tipos de gestores:

- **Gestores excelentes:** são aqueles que conseguem priorizar e realizar mais ações utilizando menos recursos humanos, materiais e financeiros.

   Resumindo: REALIZAM MAIS COM MENOS RECURSOS!

São indispensáveis nas organizações que querem ser excelentes e, consequentemente, sustentáveis e são uma pequena minoria. Embora minoria, estes gestores se tornam referências importantes para a organização,

- **Gestores competentes:** são aqueles que conseguem priorizar e realizar ações utilizando os recursos humanos, materiais e financeiros que são necessários.
   Resumindo: REALIZAM MAIS COM MAIS RECURSOS!

Representam a grande maioria nas organizações e precisam ser treinados para que, alguns deles, venham a se desenvolver e serem "promovidos" ao grupo de gestores que REALIZAM MAIS COM MENOS RECURSOS.

- **Gestores com lacunas:** são aqueles que não conseguem priorizar e realizam menos ações gastando mais recursos humanos, materiais e financeiros.

Resumindo: REALIZAM MENOS GASTANDO MAIS RECURSOS!

Representam uma minoria nas boas organizações, mas que causam grandes estragos nos seus resultados. Precisam ser identificados para serem retreinados e, caso permaneçam com este perfil com lacunas, precisam ser retirados da função de gestores sob pena de comprometerem toda a organização.

2.7 Para Reflexão e Ação

A seguir, de um autor que desconhecemos, apresentamos um texto que, nada mais é, que uma reflexão sobre por que os povos são diferentes.

"PARA REFLEXÃO E AÇÃO"

- A diferença entre os países pobres e os ricos não é a idade do país. Isto pode ser demonstrado por países como Índia e Egito, que tem mais de 2.000 anos e são pobres.

Por outro lado, Canadá, Austrália e Nova Zelândia, que há 150 anos eram inexpressivos, hoje são países desenvolvidos e ricos.

- A diferença entre países pobres e ricos também não reside nos recursos naturais disponíveis.

O Japão possui um território limitado, 80% montanhoso, inadequado para a agricultura e para a criação de gado, mas é a segunda economia mundial. O país é como uma imensa fábrica flutuante, importando matéria prima do mundo todo e exportando produtos manufaturados.

Outro exemplo é a Suíça, que não planta cacau, mas tem o melhor chocolate do mundo. Em seu pequeno território cria animais e cultiva o solo durante apenas quatro meses do ano, não obstante, fabrica laticínios da melhor qualidade. É um país pequeno que passa uma imagem de segurança, ordem e trabalho, o que o transformou na "caixa forte" do mundo.

- Executivos de países ricos que se relacionam com seus pares de países pobres mostram que não há diferença intelectual significativa.

- Imigrantes rotulados de preguiçosos em seus países de origem são a força produtiva de países ricos.

Qual é então a diferença?

- A diferença é a **ATITUDE** das pessoas, moldada ao longo dos anos pela educação e pela cultura.

- Ao analisarmos a conduta das pessoas nos países ricos e desenvolvidos, constatamos que a grande maioria segue os seguintes princípios de vida:

    » A ética como princípio básico;
    » A integridade;
    » A responsabilidade;
    » O respeito às leis e regulamentos;
    » O respeito pelo direito dos demais cidadãos;
    » O amor ao trabalho;
    » O esforço pela poupança e pelo investimento;
    » O desejo de superação;
    » A pontualidade.

- Nos países pobres apenas uma minoria segue esses princípios básicos em sua vida diária.

- Os países não são pobres porque faltam recursos naturais ou porque a natureza foi cruel.

- **ELES SÃO POBRES PORQUE FALTA-LHES ATITUDE.**

- Falta-lhes vontade para cumprir e ensinar esses princípios de funcionamento das sociedades ricas e desenvolvidas.

3 - *Benchmarking*

3.1. Introdução

Considera-se que o início do *benchmarking* ocorreu na Xerox, em 1979, com um processo denominado *"benchmarking* competitivo". O processo objetivava examinar os custos unitários das operações industriais da empresa.

Benchmarking é a expressão que identifica uma técnica essencial para se obter melhoria contínua. *Benchmarking* permite analisar e melhorar os processos chaves do negócio, como por exemplo:
- Eliminar desperdícios;
- Aumentar a performance, a lucratividade e o *market share*.

O poder do *benchmarking* está no fato de que as decisões são tomadas com base em fatos e dados e não pela intuição ou percepção. Os fatos são as melhores práticas e os dados são os indicadores.

Os dados-chave para a tomada de decisão são os *indicadores*.

> **Indicadores são medidas ou dados numéricos estabelecidos sobre os processos que queremos controlar.**

Busca-se o que fazem as empresas de sucesso; procura-se encontrar, tanto para os processos como para funções, o que há de "melhor nos melhores"

"Benchmarking", segundo a APQC – *American Produtivity and Quality Center*, pode ser definido do seguinte modo:

> **Benchmarking *é o processo de identificação, conhecimento e adaptação de práticas e processos excelentes de organizações, de qualquer lugar do mundo, para ajudar uma organização a melhorar sua performance.***

A real inovação desse processo vem da procura pelas melhores práticas, independente de onde elas possam ser encontradas. Benchmarking *é a busca, identificação, adaptação e aplicação das melhores práticas para alcançar performance superior.* De um modo geral, através da procura externa, podemos aprender com os outros e atingir uma performance superior que, se tivesse que ser obtida internamente com incrementos de melhoria poderia levar muitos anos ou, até mesmo, nunca atingir o grau adequado de competitividade, já que os concorrentes também estão evoluindo.

Benchmarking é um processo de contínua comparação e medição em uma organização levando em conta as empresas líderes de mercado em qualquer lugar do mundo, de modo a ganhar informações que ajudarão a tomar ações para melhorar sua performance. *Benchmarking* é um processo contínuo de avaliação dos produtos, serviços ou processos de trabalho das organizações que são reconhecidos como representando "as melhores práticas" para fins de melhoria organizacional.

Entretanto é imperativo que, primeiramente, compreendamos e caracterizemos nossos próprios processos e práticas. Somente a partir daí podem ser quantificados e mostrados seus efeitos, comparados com o melhor e, então, modificados para atingir um maior rendimento global (*overall effectiveness*).

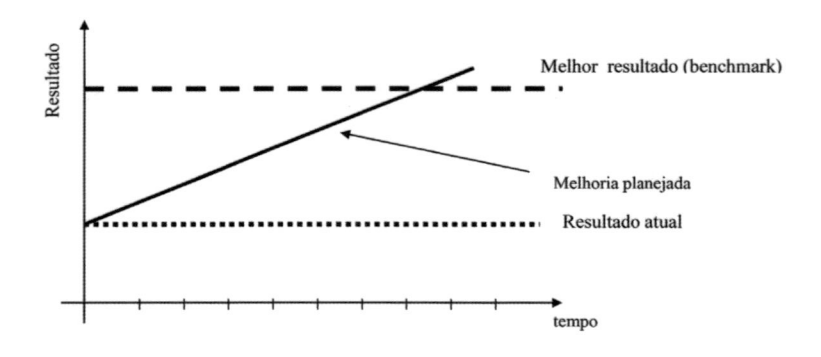

Figura 3.1 – Resultados x Tempo.

O gráfico da figura 3.1, mostra:

- Os resultados atuais, obtidos por uma empresa, por um de seus departamentos ou por um de seus processos;
- O melhor resultado da concorrência (*benchmark*);
- A taxa de melhoria projetada para alcançar o melhor resultado, em um determinado tempo.

Contudo, é preciso ter em mente que o melhor resultado (*benchmark*) não fica estacionado, ou seja, está sempre melhorando.

Além disso, mesmo que a sua empresa seja a líder naquele(s) processo(s), é preciso praticar a melhoria contínua objetivando manter a sua vantagem competitiva.

3.2. Termos Relacionados

Os principais termos relacionados com *benchmarking* estão listados a seguir, e foram extraídos de uma relação da APQC – *American Produtivity and Quality Center*.

Análise competitiva	Análise da importância e razão do *gap* entre as medidas de performance de sua organização e das organizações competidoras.
Benchmark	É uma medida; uma referência ou medida padrão para comparação; nível de performance reconhecido como padrão de excelência para um processo de negócio específico.
Benchmarking	É o processo de identificação, conhecimento e adaptação de práticas e processos excelentes de organizações, de qualquer lugar do mundo, para ajudar uma organização a melhorar a sua performance.
Benchmarking interno	Processo de *benchmarking* que é levado a efeito dentro da organização pela comparação de unidades de negócio ou processos similares. (é a comparação entre operações ou serviços similares dentro da própria organização, não necessariamente no mesmo local).
Best in class	Excelência em performance de processos dentro de uma indústria; um sinônimo é *best practice*. Em português usa-se "melhores práticas" ou "práticas mundiais"

Classe Mundial	Performance líder em um processo independente da industria, função ou localização.
Código de conduta	Uma convenção comportamental que descreve o protocolo de comportamento - conjunto de convenções prescrevendo etiquetas e procedimentos a serem adotados em uma atividade comum.
Competência empresarial ou estratégica	Competências estratégicas de negócios que fornecem a uma empresa vantagem de mercado (*core business ou core competencies*).
Estratégia	Planos e meios para atingir a meta de um objetivo particular.
Fatores Críticos de Sucesso	Principal conjunto de ações que devem ser feitas, correta e prioritariamente, para se alcançar a visão.
Grupo com interesses comuns (Consórcio)	Rede de indivíduos que compartilham o interesse mútuo em um assunto específico e concordam em compartilhar suas próprias experiências.
Melhores práticas (Best practices ou Best in class)	São aquelas práticas que tem se mostrado superiores em resultados, selecionadas por um processo sistemático e julgadas como exemplares, boas ou de sucesso demonstrado.
Performance	Medida da performance de um processo *benchmarking* de uma companhia contra aqueles de outra companhia.
Processos chave do negócio	*Key business process*- são aqueles que influenciam a percepção do cliente do seu negócio..
Protocolo	Um conjunto de convenções que governa as ações de indivíduos, organizações ou nações como especificado por um entendimento escrito; um código prescrevendo a adesão a uma correta etiqueta.
Visão	Os sonhos atingíveis do que a organização quer fazer e onde ela quer ir. Estado que a organização deseja atingir. A visão tem a intenção de propiciar o direcionamento dos rumos de uma organização.

3.3. Aspectos Estratégicos

Observa-se que nos países do primeiro mundo, as organizações procuram de maneira constante a excelência empresarial. Estar entre as empresas *Benchmarking* ou ser uma empresa vanguardista é objetivo das empresas, que são apoiadas nessa busca por organizações de classe, instituições governamentais e associações.

Construir uma cultura que permeia toda empresa e buscar pelas melhores práticas, que levarão à melhor performance, é preocupação de todos os segmentos da organização.

As gerências se constituem um forte suporte do *benchmarking* e as empresas adotam a cultura de times para **procurar** e **adaptar** ideias de melhoria externas à organização.

Um conceito importante diz que "***estamos continuamente aprendendo com os exemplos".*** E dentro desse conceito podem ser vislumbradas sete ideias:

1. Nós procuramos a melhoria, continuamente;
2. Nós não temos o monopólio de boas ideias no mercado;
3. Nossos sistemas, métodos e ideias existentes, estão continuamente abertos à mudança;
4. Mudanças são boas e bem-vindas, mais do que isto, **SÃO NECESSÁRIAS;**
5. Nós estamos continuamente olhando para fora de nós mesmos na busca de novas inspirações.
6. Nós livremente adaptamos e adotamos as ideias mais úteis que encontramos.
7. Nós queremos atingir e ultrapassar a melhor performance conhecida em qualquer processo. **NÓS QUEREMOS SER O BENCHMARK!**

A ideia 7 já era praticada pelos japoneses, há bastante tempo, nos conceitos da Qualidade Total. Essa ideia, somada à necessidade de ruptura com o processo atual ou com a velocidade em que as coisas acontecem dentro da organização pode ser claramente visualizada pelo gráfico da figura 3.2, a seguir.

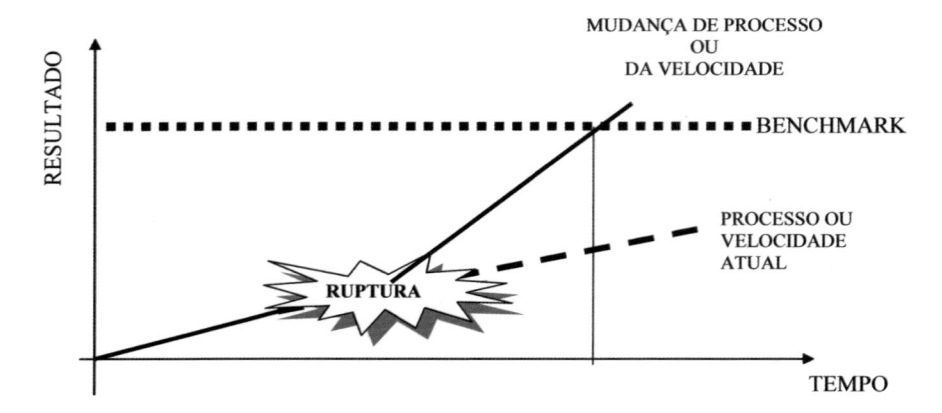

Figura 3.2 - Mudança no processo ou velocidade para ultrapassar a melhor performance.

Hoje em dia as mudanças ocorrem com uma velocidade muito alta e a agilidade ou capacidade de mudanças, por vezes radicais, pode significar sobrevivência. Por isso o conceito de **ruptura** é importante.

Romper com paradigmas do passado, desaprender o antigo para aprender novas técnicas, aumentar a velocidade na obtenção dos resultados ou na implementação das mudanças pode significar a manutenção do emprego, a obtenção da vantagem competitiva e a perpetuação da organização.

3.4. O Processo de *Benchmarking*

O *benchmarking* foi utilizado, até recentemente, para encontrar soluções inovadoras para os problemas oriundos de informações de clientes, custo, índices de falhas, dentre outros. Atualmente as empresas que têm objetivos definidos, estão utilizando o *benchmarking* como um meio para obter o melhoramento contínuo desses objetivos.

Entretanto, uma vez que as organizações têm recursos limitados, a priorização dos esforços deve ser adotada dentro do princípio da Qualidade que recomenda **"foco nos poucos processos vitais"**. Isso permitirá uma maior alavancagem nos resultados da organização. Robert Camp afirma que: *"Quando o foco das atividades de benchmarking concen-*

tradas sobre os processos de negócios é priorizado para aqueles poucos processos vitais, e combinado com a implementação das melhores práticas de benchmarking, fica evidente uma relação direta de suporte para alcançar aos objetivos da empresa."

Figura 3.3 – Foco nos poucos processos vitais.

Alguns processos de *benchmarking* são citados na literatura e a tabela a seguir permite uma comparação direta entre eles:

PROCESSOS	DE	BENCHMARKING	
ROBERT C. CAMP (XEROX)	**SPENDOLINI**	**D E A** *Data Envelopment Analysis*	**APQC** *American Produtivity and Quality Center*
PLANEJAMENTO	DETERMINAR POR QUE SE VAI FAZER *BENCHMARKING*	PLANEJAR	PLANEJAR
ANÁLISE	FORMAÇÃO DA EQUIPE DE *BENCHMARKING*	COLECIONAR (Sócios do estudo)	COLETAR
INTEGRAÇÃO	IDENTIFICAÇÃO DOS "SÓCIOS"	ANALISAR	ANALISAR

AÇÃO	RECOLHER E ANALISAR A INFORMAÇÃO DE BENCHMARKING	IMPLEMENTAR	ADAPTAR
MATURIDADE	ATUAR		

Dentro dos processos mencionados, um dos pontos mais importantes é o que se refere aos Fatores Críticos de Sucesso. Da simples pergunta *"Por que vamos fazer benchmarking?"* surgem os fatores críticos de sucesso, que são os aspectos com base nos quais vamos fazer o *benchmarking*.

Outro aspecto importante é a definição de empresas às quais vamos nos "associar" para desenvolver o estudo de *benchmarking* que será mostrado no item 3.8.

De um modo menos simplificado, o processo de *benchmarking* pode ser representado pelo fluxograma mostrado na figura 3.4.

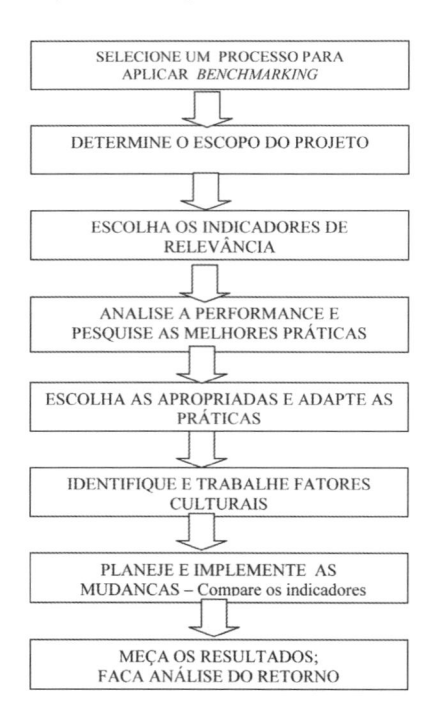

```
SELECIONE UM PROCESSO PARA
APLICAR BENCHMARKING
         ⇩
DETERMINE O ESCOPO DO PROJETO
         ⇩
ESCOLHA OS INDICADORES DE
RELEVÂNCIA
         ⇩
ANALISE A PERFORMANCE E
PESQUISE AS MELHORES PRÁTICAS
         ⇩
ESCOLHA AS APROPRIADAS E ADAPTE AS
PRÁTICAS
         ⇩
IDENTIFIQUE E TRABALHE FATORES
CULTURAIS
         ⇩
PLANEJE E IMPLEMENTE AS
MUDANÇAS – Compare os indicadores
         ⇩
MEÇA OS RESULTADOS;
FAÇA ANÁLISE DO RETORNO
```

Figura 3.4 – Fluxograma simplificado de benchmarking.

De um modo geral a gerência enxerga *benchmarking* como um processo de medição (através de indicadores) e acredita que, depois que descobre o **benchmark** ou o resultado de melhor performance, pode alcançá-lo somente através do potencial criativo interno da organização.

Esta é uma visão equivocada, pois esquece uma peça fundamental no benchmarking: *Benchmarking* é atualmente um processo de aprendizagem de lições sobre como a melhor performance deve ser executada.

Especialistas em *benchmarking* enfatizam que nem sempre as organizações que têm as melhores práticas (*best practices*) têm necessariamente a melhor performance (*best* performance).

3.5. Tipos de Benchmarking

O *benchmarking* é classificado em quatro tipos:

Interno – é a comparação entre operações ou serviços similares dentro da própria organização, não necessariamente no mesmo local;

Competitivo – é a comparação com os melhores concorrentes externos;

Funcional - é a comparação entre empresas com processos semelhantes em uma mesma função ou atividade, por exemplo, segmento de mecânica ou de eletrônica;

Genérico – é a comparação de processos de trabalho com empresas classe mundial. As empresas podem estar em segmentos diferentes, mas possuírem processos similares; por exemplo, se quisermos minimizar os riscos operacionais podemos analisar as indústrias nucleares e petroquímicas, mesmo que sejam de segmentos diferentes.

3.6. *Benchmarking, Benchmark* e as Quatro Fases do Processo

Benchmarking é um processo e como tal:

- É ação.
- É a busca das práticas que levam a melhor performance.
- É o entendimento de como essas práticas são aplicadas.
- É a adaptação dessas práticas para o uso pela sua empresa.

Figura 3.5 - Benchmarking e Benchmark.

Benchmarks são indicações de desempenho ou medidas. Em outras palavras o benchmark é um **indicador.**

Um modo simplificado de enxergar o processo de Benchmarking é utilizado pela APQC – *American Productivity and Quality Center,* como visto no item 3.4 e indicado na figura 3.6:

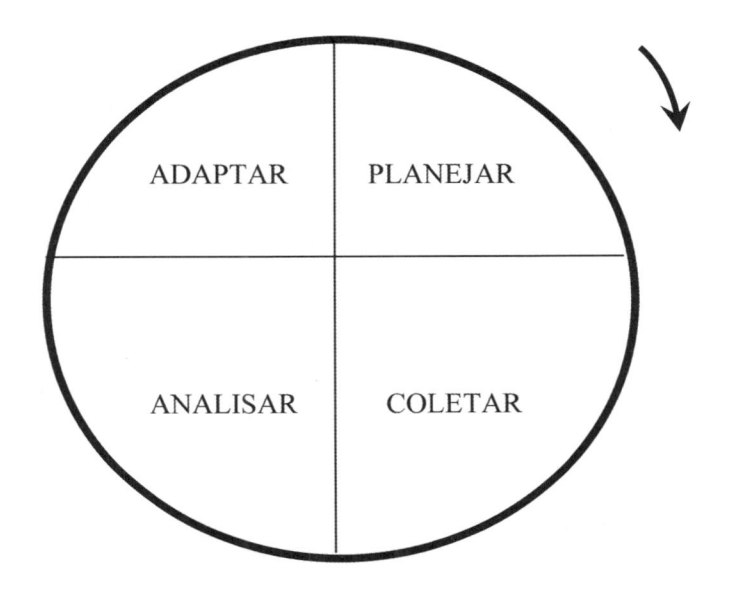

Figura 3.6 – Processo Benchmarking conforme APQC

Simplificadamente, cada etapa tem o seguinte significado:

- **PLANEJAR:** durante essa fase o objetivo é:
    » Definir as áreas foco do estudo de benchmarking;
    » Determinar os indicadores-chave do processo;
    » Estabelecer e documentar as definições para clareza do processo.

Ainda nessa fase são feitas as pesquisas para identificar as organizações *best in class* e definidas aquelas que serão visitadas.

- **COLETAR:** essa fase tem dois objetivos:
    » Coletar dados quantitativos e qualitativos (processos);
    » Aprender com o melhor.

Para isso um tipo de questionário padrão é elaborado para uso das pessoas que farão as visitas às organizações *best in class.*

- **ANALISAR**: nessa fase as atividades principais são:

    » Análise das tendências e identificação das práticas que permitirão levar a uma performance superior;
    » A equipe que participou do "estudo de *benchmarking*" apresenta um relatório com as principais observações, que são chave para o processo e mostram como pode ser feita a transferência de conhecimento;
    » Verificar qual o *gap* que existe entre os resultados de sua empresa e das outras empresas parceiras ou *best in class*;
    » Difundir, através de um plano de ação, qual o desenvolvimento para adaptar e implementar o que foi aprendido pela equipe.

- **ADAPTAR**: a partir dos planos de ação elaborados fazer as adaptações e melhorias resultantes das melhores práticas identificadas e dos indicadores das empresas *best in class*.

Nessa fase são feitas as adaptações e melhorias das melhores práticas identificadas através de um consórcio.

Lembre-se sempre: você pode e deve procurar ser o *benchmark*.

3.7. Indicadores

Desde que o processo de *benchmarking* é baseado em indicadores e não em percepção ou intuição, é importante caracterizar bem o que são indicadores quantitativos, também conhecidos internacionalmente como *measurements* ou *metrics*.

Uma das melhores definições de indicadores está mostrada a seguir:

> **Indicadores são medidas ou dados numéricos estabelecidos sobre os processos que queremos controlar.**

Os indicadores são utilizados para:

- Verificar como os ativos estão sendo usados;
- Indicar onde é necessária mudança devido a resultados ineficientes;
- Revelar se a mudança afetou positivamente ou negativamente.

Sem indicadores a empresa não sabe nem o impacto nem a direção da mudança. Os indicadores devem possuir alguns atributos básicos. O indicador deve ser:

Apropriado	Medir precisamente o aspecto operacional que precisa ser medido.
Aceitável	Ser considerado por todos adequado para medir o aspecto operacional desejado.
Simples	Ser fácil de entender, coletar e interpretar.
Claro	Não pode ser ambíguo. A medida deve comunicar uma mensagem bem clara em relação à operação que está sendo medida.
Comparável	Capaz de ser analisado em relação a dados colhidos interna ou externamente.

3.8. Parceiros em *Benchmarking*

Conforme já mencionado, um aspecto importante é a definição de empresas com as quais vamos nos "associar" para desenvolver o estudo de *benchmarking*. Se o processo de benchmarking pressupõe comparação com as empresas excelentes, líderes de seu segmento, pergunta-se: Como fazer para obter os dados necessários para essa comparação?

Algumas dificuldades, para as empresas brasileiras, podem ser rapidamente elencadas:

- As empresas com as quais se quer comparar, na maioria dos casos, não estão no Brasil, mas nos Estados Unidos e Europa, por exemplo;
- A melhor empresa nacional é concorrente direta da nossa empresa e o aspecto de competitividade certamente dificultará o fornecimento de informações desde que algumas delas são consideradas confidenciais;
- O processo de *benchmarking* requer aplicação de recursos, tanto maiores quanto mais ambiciosos os alvos de comparação a serem perseguidos. As dificuldades serão maiores quando as empresas excelentes estiverem na China ou Japão, por exemplo.

- Não há, ainda, uma cultura de *benchmarking* estabelecida no Brasil o que dificulta a troca de informações em nível nacional.
- Os indicadores mais representativos deste ou daquele segmento não estão disponíveis em bancos de dados públicos ou de instituições ligadas à indústria.

A cultura de *benchmarking* está mais consolidada nos Estados Unidos, por isso algumas empresas nacionais participam de grupos de benchmarking naquele país. Um exemplo é a **Petrobras** que participa de um grupo de benchmarking na área de refinação através da *Solomon Associates* para refinarias do Canadá, Estados Unidos e América Latina.

A *Solomon Associates* é a empresa de consultoria que desenvolveu um processo que permite uma comparação direta entre as diferentes refinarias de diversos países. Além disso, possui um banco com os dados de todos os participantes o que permite lhes fornecer gráficos mostrando a situação para cada indicador em particular.

Uma das soluções para facilitar a participação de empresas nacionais na comparação com outras empresas excelentes estrangeiras pode se dar através de empresas de consultoria nacionais que representam empresas de consultorias norte-americanas e que desenvolvem esse tipo específico de trabalho. Outra vertente é a "câmara de compensação, centros ou consórcios de *benchmarking*". São centros ligados a segmentos da indústria que possuem informações, produtos e serviços de *benchmarking*. Esses centros surgiram a partir de 1992 nos Estados Unidos.

As principais características desses consórcios ou centros são:

- Os parceiros têm recursos limitados para empregar em *benchmarking*;
- Os parceiros têm experiência pequena em realizar estudos de *benchmarking*;
- Os parceiros adotam uma mesma cultura e linguagem tecnológica de modo que as comparações possam ser feitas rápida e facilmente;
- Os parceiros possuem o mesmo sistema de medição (indicadores);
- Os parceiros frequentemente utilizam tecnologia, processos e sistemas semelhantes;
- Os parceiros se situam próximos uns dos outros (desejável, mas não fundamental);

- Os parceiros se encontram regularmente ou pelo menos já têm um fórum estabelecido;
- O consórcio de *benchmaking* normalmente incorpora uma metodologia comum, normas, código de conduta e um relatório padronizado.

O desenvolvimento de grupos de *benchmarking* no Brasil através de associações, entidades de classe ou entidades representativas de segmentos industriais ainda é muito incipiente. Merece destaque a iniciativa da CNI/IEL que tem um projeto denominado *made in Brazil benchmarking* em funcionamento desde 1999 em conjunto com o IMD – *Institute of Management Development*.

Algumas medidas de alcance mais restrito, mas de menor custo e que por certo agregam valor são:

- Fazer *benchmarking* com uma empresa de bons resultados que seja acessível. Isso depende obviamente de negociação prévia em nível estratégico.
- Buscar exemplos em empresas de outros segmentos que tenham excelentes resultados em determinadas áreas. Desse modo uma empresa fabricante de suco de fruta pode ser uma excelente referência pelo seu departamento de logística para uma empresa que produza cosméticos ou fundidos por exemplo.
- Adotar a linha de pensamento do *Benchmarking* Genérico indicado por Robert Camp que sugere a comparação com empresas que têm que estar atentas para aspectos críticos que determinam sua sobrevivência. A figura 3.7 mostra alguns *benchmarkings* genéricos.

Objetivo	Tipo de empresa
Giro do estoque	Gêneros perecíveis Venda de flores
Rapidez de atendimento	*Fast food (self-service)*
Alta confiabilidade	Indústria espacial Indústria médica Indústria de petróleo Indústria de Aviação

Minimização de riscos	Agricultura Seguros de alto risco
"Just in time"	Indústria automobilística
Segurança pessoal e das instalações	Indústria de petróleo Usina nuclear

Figura 3.7 – Benchmarking genérico.

A tabela da figura 3.8 mostra algumas organizações que têm consórcio de *benchmarking* e alguns tipos de consórcios em funcionamento nos Estados Unidos.

Nome	Observação
APQC – American Productivity and Quality Center	Exemplos de empresas / entidades estrangeiras que têm metodologia de *benchmarking*, coordenam consórcios e têm como clientes as principais empresas mundiais.
Benchmarking Network Incorporation	
Global Benchmarking Council	
Benchmarking Partners	
Solomon Associates	
CNI/IEL – Confederação Nacional da Indústria	Entidade nacional que tem metodologia, suporte e banco de dados.

Figura 3.8 – Organizações e tipos de consórcios de benchmarking.

Em resumo: após o PLANEJAMENTO, a associação com parceiros nos permitirá COLETAR DADOS e conhecer as MELHORES PRÁTICAS.

A partir da identificação do *GAP* entre a nossa empresa e as empresas best in class parte-se para o estabelecimento das metas e planos de ação.

3.9. Estabelecimento de Metas e Planos de Ação

Uma vez identificadas as melhores práticas, sejam qualitativas ou quantitativas chega-se a última etapa do processo de *benchmarking* que a APQC define como ADAPTAR. É a fase de IMPLEMENTAR as mudanças ou melhorias, ou seja, a fase de ATUAR.

O processo de *benchmarking* vai nos proporcionar a entrada de informações atualizadas de como se desenvolvem os processos e os resultados pelo mundo.

Isso permitirá:

- Alterar, quando e se conveniente, os princípios de planejamento;
- Atualizar estratégia de nossa organização;
- Alterar periodicamente as metas, táticas e planos de ação.

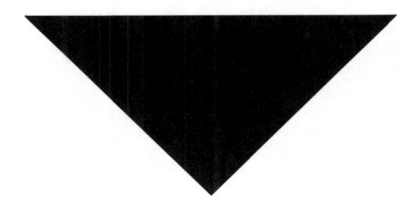

4 - Balanced Scorecard

Balanced Scorecard ou BSC pode ser traduzido por "Indicadores Balanceados de Desempenho".

É o nome de uma metodologia voltada para a gestão estratégica das empresas no geral, e dos segmentos em particular, que ajuda a orientar as ações cotidianas, direta e de maneira consistente, em direção às metas do Plano Estratégico.

Por que "indicadores balanceados"?

Esta metodologia pressupõe que a escolha de indicadores não pode estar voltada apenas para uma perspectiva, por exemplo, a financeira. Assim como não é possível realizar um voo seguro baseando-se, apenas, na velocidade do avião, pois é preciso conhecer outros fatores como nível de combustível, previsão do tempo, rota, destino, altitude, etc, para se ter todo um voo bem sucedido, indicadores financeiros, por exemplo, não são suficientes para garantir o sucesso da empresa e, principalmente, a sua sustentabilidade, além de tender a levar a uma visão de curto prazo.

É preciso ter em mente que a "corrida empresarial" é uma maratona e não uma corrida de cem metros.

Uma visão integrada e balanceada da empresa permite descrever a estratégia de forma clara, através de objetivos estratégicos em quatro perspectivas:

- Financeira;
- Mercado;
- Processos Internos;
- Aprendizado e Inovação (Pessoas).

Estes objetivos estão relacionados entre si através de uma relação de causa e efeito.

Desta maneira, o desenvolvimento do BSC é um passo fundamental para transformar a empresa numa organização com foco na sua estratégia. As principais vantagens desta ferramenta são:

- Tornar a estratégia clara para toda a organização;
- Promover o consenso entre o time de executivos e ganhar o seu comprometimento com as metas;
- Facilitar o alinhamento de toda a organização;
- Direcionar o processo de alocação de recursos humanos e de capital;
- Fazer com que todos mantenham o foco nas prioridades estratégicas estabelecidas.

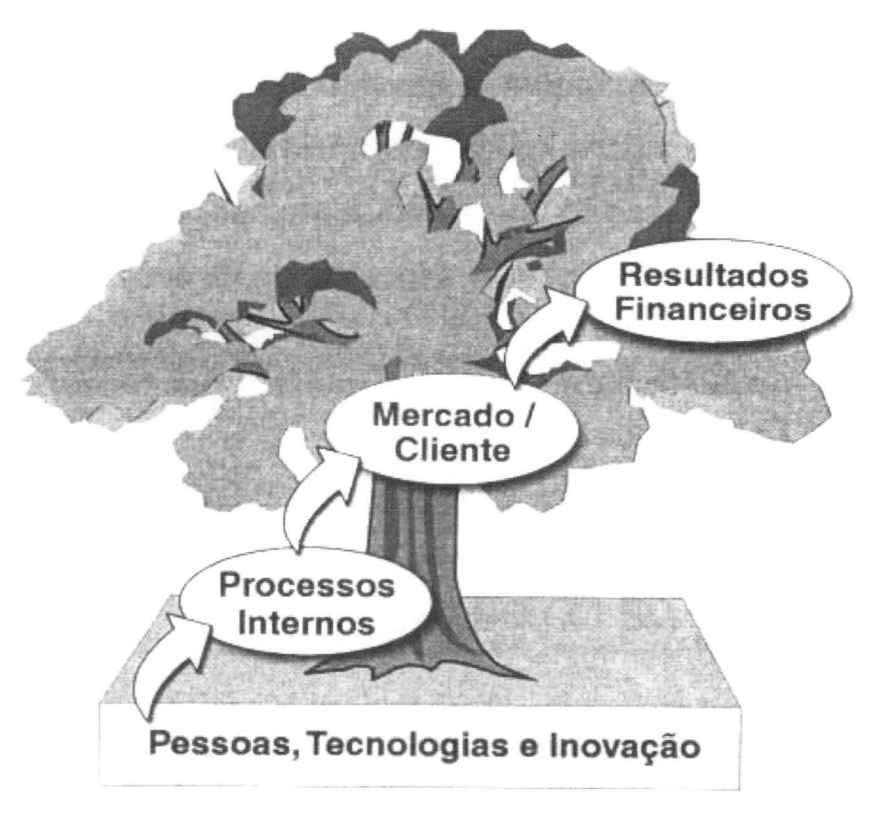

Figura 4.1 – Árvore do BSC.

O BSC foi criado pelos Professores Robert Kaplan e David Norton, em 1992, e, desde então, vem sendo aplicado com bastante sucesso em várias organizações em todo o mundo.

Segundo pesquisas mais recentes, 50% das melhores empresas americanas utilizam o Balanced Scorecard e, segundo a revista *Havard Business Review*, o BSC foi escolhido como uma das práticas de gestão mais importante e revolucionária dos últimos 75 anos.

No Brasil ainda é uma metodologia pouco usada pelas empresas; daí ser uma oportunidade estratégica importante para ser implementada, rapidamente, por outras organizações e mesmo por pessoas que querem permanecer com alta empregabilidade.

As poucas empresas que utilizam esta metodologia no Brasil estão entre as que têm maior sucesso empresarial.

O que o BSC NÃO é:

- Um novo sistema de indicadores financeiros;
- Um formulador de estratégias;
- Um projeto único e isolado nas organizações.

4.1. Como Funciona o BSC?

Concretamente, cada área da empresa passará a ter painéis de desempenho com indicadores, metas e iniciativas. Com estes painéis, diretores, gerentes e demais funcionários poderão medir cada ação e o seu resultado em comparação com as metas estabelecidas e constantes do BSC.

Para que isto aconteça a empresa precisa, primeiro, definir os seus Temas Estratégicos e, à partir destes Temas, construir o seu Mapa Estratégico, o que permitirá o entendimento compartilhado da estratégia empresarial.

Este mapa estratégico deve explicitar os principais Objetivos Estratégicos que derivam dos Temas, as relações entre estes objetivos e os Indicadores

Tratando-se de uma empresa com mais de uma Unidade de Negócio, é necessário que, primeiro, seja definido o mapa estratégico da empresa *holding* para, a partir deste mapa, cada Unidade de Negócio definir o seu mapa estratégico, sintonizado com o mapa da *holding*.

A partir do mapa estratégico da empresa, que é o ponto de partida, cada segmento desenvolve o seu Plano de Ação; desta maneira se garante que os esforços descentralizados levem toda a empresa para o seu destino comum planejado.

Exemplo de temas estratégicos:

- Manter a liderança no mercado brasileiro;
- Expandir a sua atuação na América Latina e Caribe;
- Consolidar-se como a melhor empresa de alimentos;
- Atingir a excelência em SMS – Segurança, Meio Ambiente e Saúde.

4.2. Mapa Estratégico Básico

O Mapa Estratégico Básico, conforme mostrado na figura 4.2, além de explicitar as quatro perspectivas do "BSC": Financeira, Mercado, Processos Internos e Aprendizado-Inovação, deve apresentar, também, os Objetivos Estratégicos e a relação entre estes objetivos. O Mapa Estratégico completo, mostrado na figura 4.3, deve incluir, também, os Indicadores.

*uma relação direta de suporte*r um número em torno de vinte e cinco, de tal maneira a cobrir todos os processos chaves da organização.

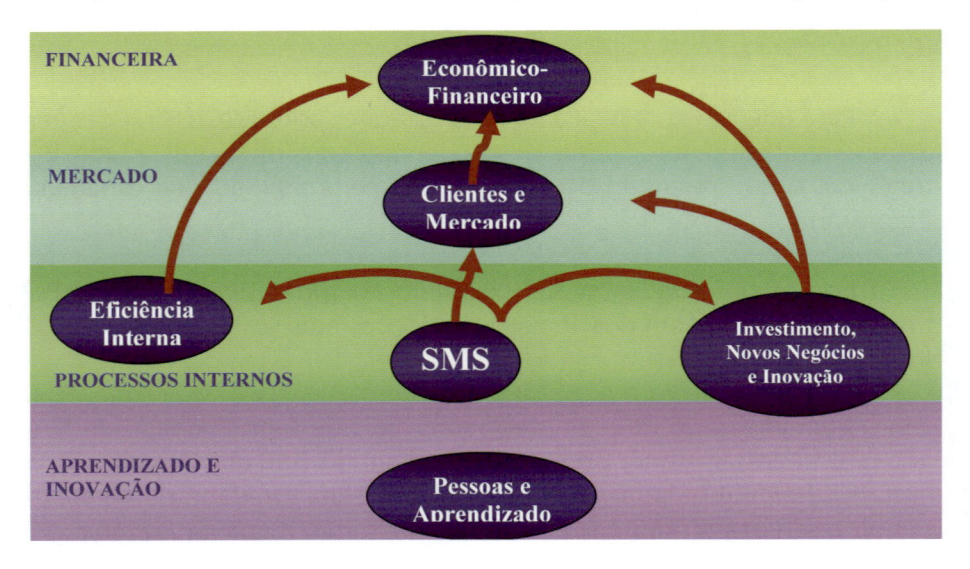

Figura 4.2 – Mapa Estratégico Básico.

4.2.1 Alguns exemplos de objetivos estratégicos:

- Perspectiva Financeira:

    » Assegurar Rentabilidade.
    » Otimizar Custos.

- Perspectiva de Mercado:

    » Garantir a Entrega dos Produtos no Prazo.
    » Atingir o Nível Adequado de Satisfação dos Clientes.
    » Manter a liderança de Mercado do Produto "A".

- Perspectiva de Processos Internos:

    » Alcançar Padrão de Excelência em SMS - Segurança, Meio Ambiente e Saúde.
    » Garantir a Produção Planejada.
    » Aumentar a Disponibilidade e a Confiabilidade das Unidades Produtivas.
    » Otimizar o Processo de Produção.

- Perspectiva de Aprendizado e Inovação:

    » Promover Cultura que tenha como Princípio as questões de SMS - Segurança, Meio Ambiente e Saúde.
    » Deter Tecnologia de Produção do Produto "A".
    » Promover Cultura para Resultado.

4.2.2. Alguns exemplos de Indicadores:

- **Perspectiva Financeira:**

    » Objetivo estratégico de "Assegurar Rentabilidade" pode ser medido por:
    *ROCE: *Return Over Capital Employed* - Retorno sobre o Capital Empregado.

*ROI: *Return on Investiment* - Retorno sobre o Investimento.

» O Objetivo estratégico de "Otimizar Custo" pode ser medido por:

*CP: Custo de Produção.
*RO: Realização do Orçamento de Operações.

- **Perspectiva de Mercado:**

    » O objetivo estratégico de "Garantir a Entrega de Produtos no Prazo" pode ser medido por:

    *EP: % de Entregas no Prazo.

    » O objetivo estratégico de "Atingir o Nível Adequado de Satisfação dos Clientes" pode ser medido por:

    *ISC: Índice de Satisfação dos Clientes.

    *IRAP: Índice de Reclamações Atendidas no Prazo.

    » O objetivo estratégico de "Manter a liderança de Mercado do Produto A" pode ser medido por:

    *MSA – *Market Share* (participação no Mercado) do produto "A".

- **Perspectiva de Processos Internos:**

    » O objetivo estratégico de "Alcançar Padrão de Excelência em SMS - Segurança, Meio Ambiente e Saúde", pode ser medido por:

    *TFCA: Taxa de Frequência de Acidentes com Afastamento.
    *TGA: Taxa de Gravidade de Acidentes.
    *IEL: Índice de Efluentes Líquidos.

    » O objetivo estratégico de "Garantir a Produção Planejada" pode ser medido por:

*CPP: Cumprimento da Programação de Produção.

» O objetivo estratégico de "Aumentar a Disponibilidade e a Confiabilidade das Unidades Produtivas" pode ser medido por:

*IDI: Índice de Disponibilidade Interno.

*IMI: Índice de Manutenção Industrial.

» O objetivo estratégico de "Otimizar o Processo de Produção" pode ser medido por:

*FUCP: Fator de Utilização da Cadeia Produtiva.

- **Perspectiva de Aprendizado e Inovação:**

    » O objetivo estratégico de "Promover Cultura que tenha como Princípio as questões de SMS - Segurança, Meio Ambiente e Saúde", pode ser medido por:

    *IPSP: Índice de Implementação do Programa de SMS da Produção.

    » O objetivo estratégico de "Deter Tecnologia de Produção do Produto A" pode ser medido por:

    *ITA: Índice de Cumprimento do Programa de Treinamento para o Produto "A".

    » O objetivo estratégico de "Promover Cultura para Resultados" pode ser medido por:

    *ISC: Índice de Satisfação dos Colaboradores.
    *IT: Índice de Treinamento.

4.2.3 – Estabelecimento de Metas

É fundamental que, para cada objetivo estratégico, seja definida uma Meta e, para se estabelecer esta Meta é importante:

- Levantar, se possível, o histórico do objetivo;
- Conhecer a sua situação atual;
- Estabelecer a meta para o próximo ano.

O estabelecimento da meta para o próximo ano deve levar em conta, se possível, o *benchmark* do processo; se este *benchmark* estiver distante da situação atual é conveniente que se estabeleça uma meta para o próximo ano inferior ao *benchmark*, mas que seja desafiadora.

IMPORTANTE: a meta deve ser desafiadora, mas FACTÍVEL.

As figuras 4.4, 4.5, 4.6 e 4.7 ilustram o que está descrito neste item.

4.2.4 – Mapa Estratégico Completo

A figura 4.3 apresenta um exemplo de Mapa Estratégico Completo, onde estão mostrados os Objetivos Estratégicos e os indicadores correspondentes.

As Metas para cada Objetivo Estratégico podem ser mostradas em um anexo ao Mapa de modo a não torná-lo muito carregado.

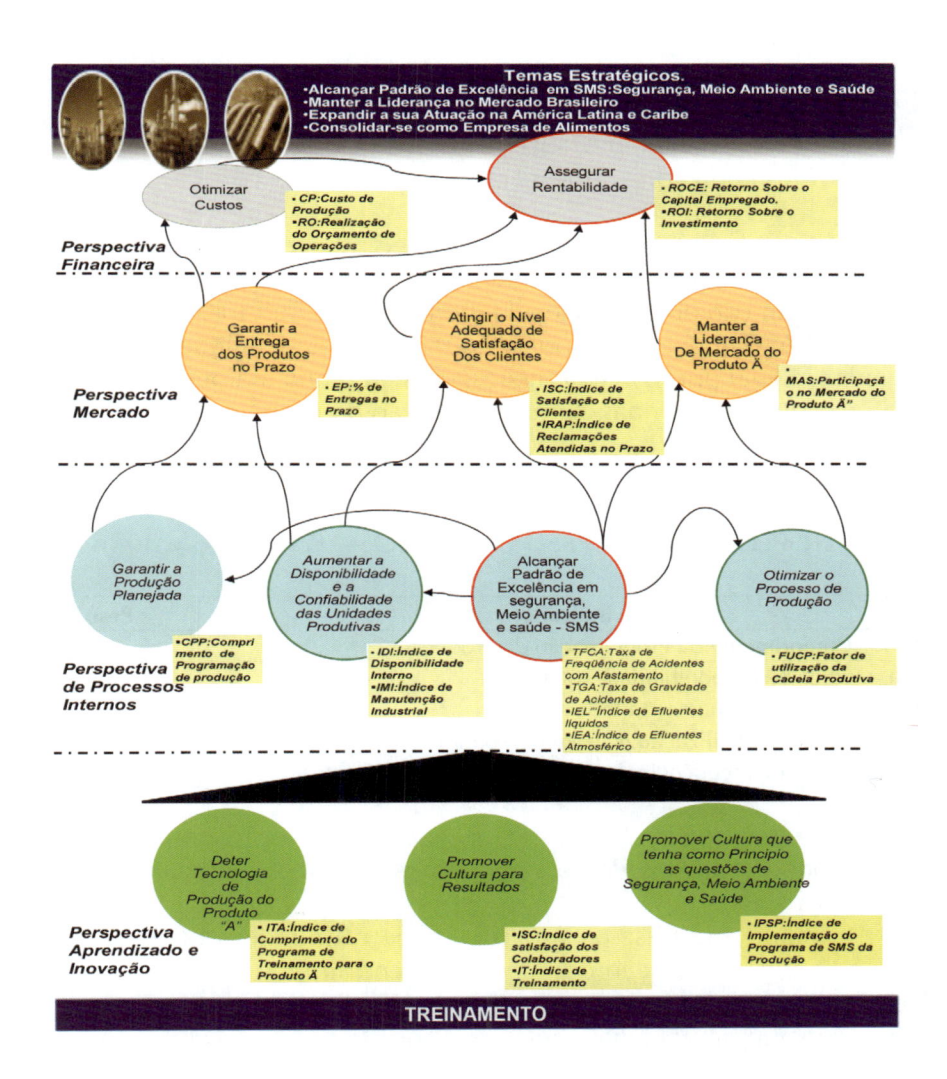

Figura 4.3 – Mapa Estratégico Completo.

4.3. Pontuação das Perspectivas e Ponderação dos Indicadores

Passa-se, agora, a pontuação das quatro perspectivas considerando que, para efeito de simplificação do cálculo, o somatório é igual a 100.
Por exemplo:

- Financeira: 20;
- Mercado: 25;
- Processos Internos: 30;
- Aprendizado – Inovação: 25.

Dentro da pontuação de cada perspectiva é, então, definido o peso de cada Indicador. Tanto a participação relativa de cada Perspectiva, como a definição do peso de cada Indicador são questões estratégicas e extremamente importantes, pois é a partir destas definições que toda a organização vai priorizar suas ações, concentrando maiores ou menores recursos, humanos e financeiros, em função do peso de cada indicador.

Exemplo:

PERSPECTIVA PROCESSOS INTERNOS – Pontuação = 30

Indicador	Peso
CPP – Cumprimento da Programação de Produção	7
IDI – Índice de Disponibilidade Interno	4
IMI – Índice de Manutenção Industrial	4
FUCP – Fator de Utilização da Cadeia Produtiva	6
TFCA – Taxa de Frequência de Acidentes com Afastamento	9

Observar que o somatório dos pesos dos indicadores deve ser igual à pontuação dos Processos Internos, no nosso exemplo definido como 30.

É importante ressaltar que o peso de cada indicador pode variar com o tempo, em função da maior ou menor importância do objetivo. No exemplo citado, o maior peso dado ao TFCA é devido ao número alto e preocupante de acidentes que tem ocorrido na organização; todavia, uma vez estabilizado este processo, o peso do indicador pode, também, ser reduzido.

Esta questão será mais bem explicada no Capítulo 5 – Avaliação Empresarial com Base no BSC.

4.4. Escolha dos Indicadores

Conforme já explicitado, os Indicadores são fundamentais para se ter uma Gestão Estratégica e, também, são indispensáveis para que se possa utilizar o BSC.

São eles que dão a indicação segura da eficácia do Plano de Ação na busca do atendimento dos Objetivos Estratégicos estabelecidos, ou mesmo mostram a necessidade de se fazer uma correção de rumos.

A definição de Indicadores e o seu acompanhamento devem considerar algumas características básicas:

- Medir precisamente o processo;
- Ser considerado pela organização como adequado;
- Ser fácil de ser mensurado;
- Ser de fácil compreensão;
- Ser claro e comunicar bem a mensagem;
- Ter dados de anos anteriores;
- Ter definição da meta;
- Ter indicação da melhor tendência;
- Ter indicação do *benchmark*, se possível.

Para que se possa ter um bom acompanhamento dos Indicadores e, ao mesmo tempo, divulgá-los para toda a equipe, devem ser estabelecidos gráficos padronizados. A título de exemplo apresentamos a seguir um modelo para cada perspectiva.

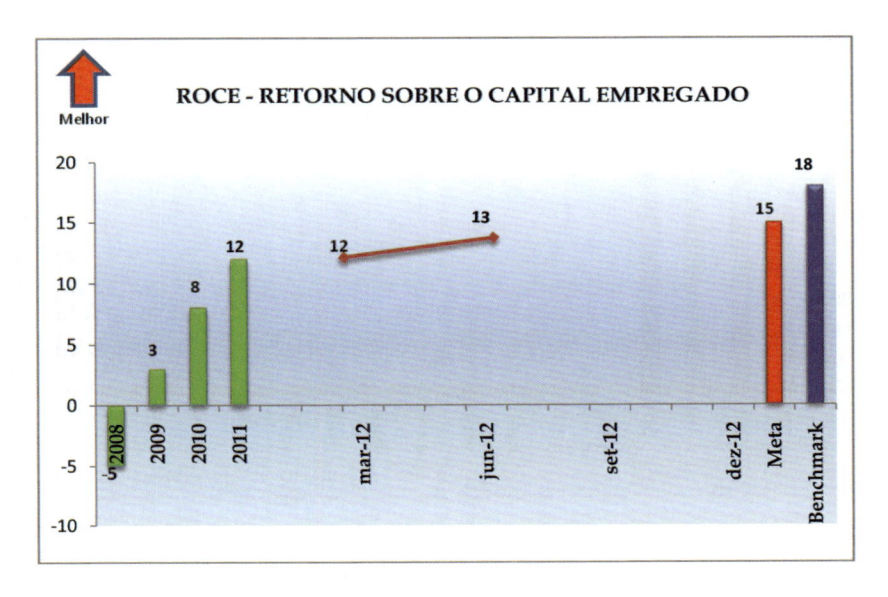

Figura 4.4 – Retorno sobre o Capital Empregado – ROCE.

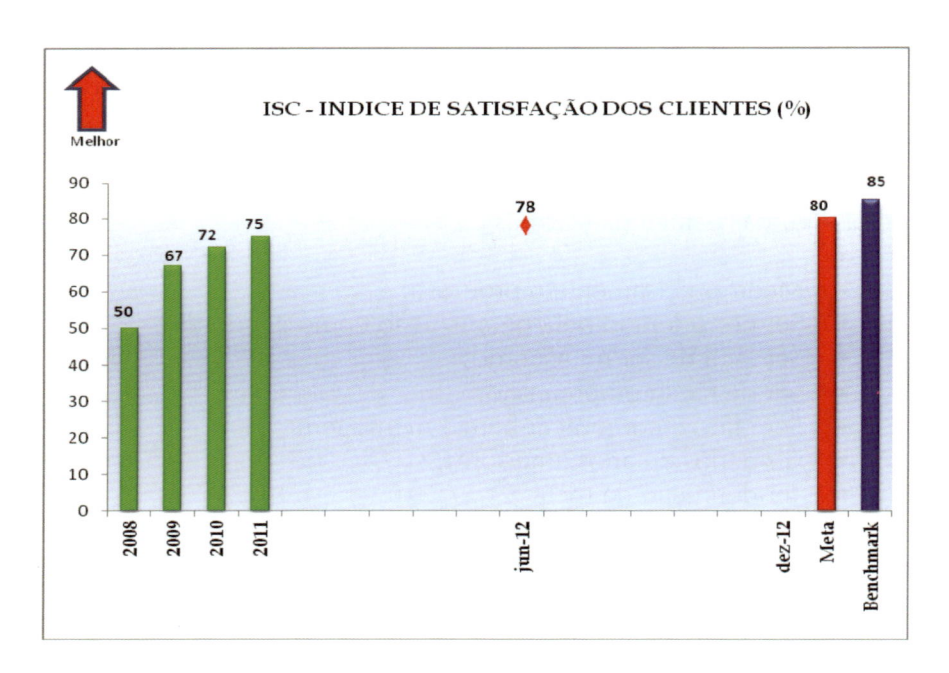

Figura 4.5 - Índice de Satisfação dos Clientes – ISC.

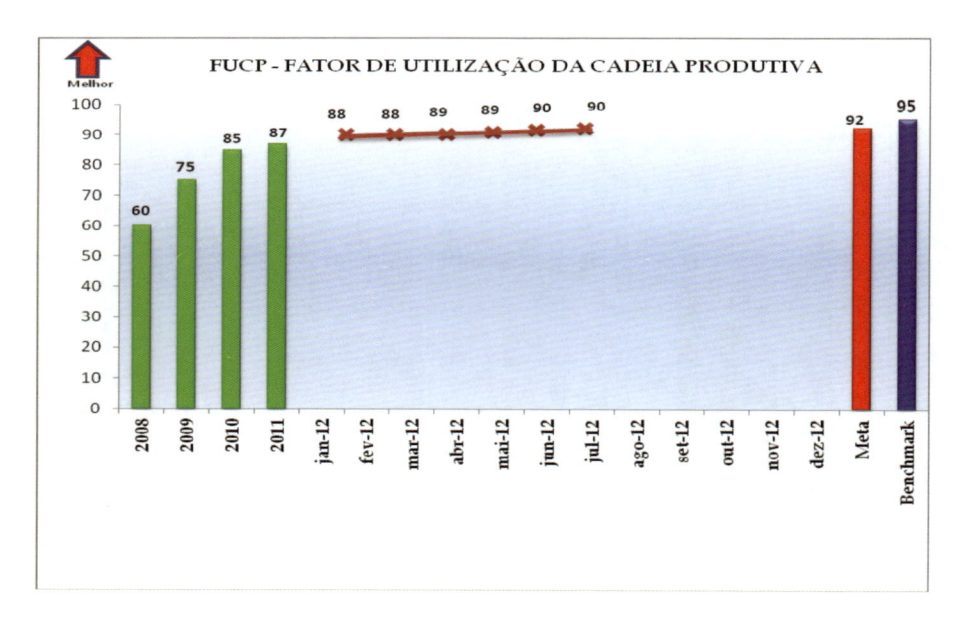

Figura 4.6 - Fator de Utilização da Cadeia Produtiva – FUCP.

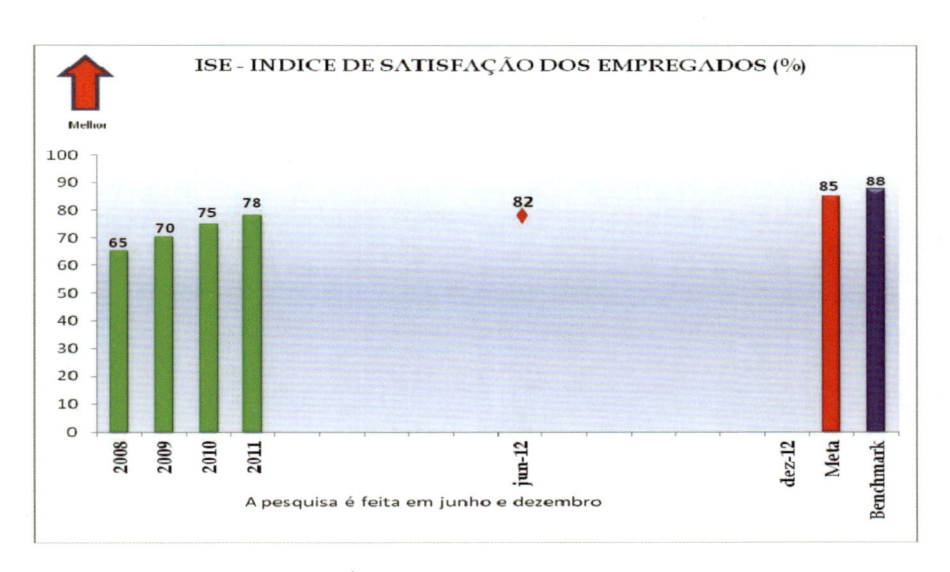

Figura 4.7 - ISE: Índice de Satisfação dos Empregados.

5 - Avaliação Empresarial com Base no BSC – *Balanced Scorecard*

A história empresarial é repleta de casos reais de empresas que tiveram um excelente Planejamento Estratégico, mas que não conseguiram implementá-lo na prática e, por consequência, não alcançaram os resultados pretendidos.

Conforme já vimos no Capítulo 1, a Gestão Estratégica é a chave do sucesso e é a maneira que a alta administração de uma empresa tem para "fazer acontecer" tudo aquilo que está estabelecido pelo Planejamento Estratégico.

O processo de Avaliação e o Sistema de Consequências são etapas imprescindíveis para o sucesso da Gestão Estratégica e, por consequência, do Planejamento Estratégico.

A AVALIAÇÃO EMPRESARIAL E O SISTEMA DE CONSEQUÊNCIAS SÃO PONTOS SENSÍVEIS DE UMA GESTÃO ESTRATÉGICA DE SUCESSO!

Este capítulo descreve um processo de avaliação empresarial com base no "BSC", que deve levar em conta os seguintes fatores:

- Pontuação de cada Perspectiva: Financeira, Mercado, Processos Internos e Aprendizado – Inovação;
- Peso de cada Indicador;
- Avaliação Quantitativa dos Indicadores;
- Avaliação Qualitativa dos Indicadores.

5.1. Pontuação das Perspectivas e Ponderação dos Indicadores

Conforme descrito e exemplificado no item 4.3, passa-se agora para a pontuação das quatro perspectivas considerando que, para efeito de simplificação do cálculo, o somatório é igual a 100. A título de exemplo, estabelecemos a pontuação a seguir:

- Financeira com peso 20;
- Mercado com peso 25;
- Processos Internos com peso 30;
- Aprendizado – Inovação com peso 25.

Dentro da pontuação de cada perspectiva é, então, definido o peso de cada Indicador. Tanto a participação relativa de cada Perspectiva, como a definição do peso de cada Indicador são questões estratégicas e extremamente importantes, pois é a partir destas definições que toda a organização vai priorizar suas ações, concentrando maiores ou menores recursos em função do peso de cada Indicador.

O PESO ESTABELECIDO PARA CADA INDICADOR PRIORIZA O DIRECIONAMENTO DOS ESFORÇOS DE TODA A ORGANIZAÇÃO.

Exemplo:

Perspectiva Processos Internos – Pontuação = 30

Indicador	Peso
CPP – Cumprimento da Programação de Produção	7
IDI – Índice de Disponibilidade Interno	4
IMI – Índice de Manutenção Industrial	4
FUCP – Fator de Utilização da Cadeia Produtiva	6
TFCA – Taxa de Frequência de Acidentes com Afastamento	9

Observar que o somatório dos pesos dos indicadores deve ser igual à pontuação dos Processos Internos, definido neste exemplo como 30.

A soma dos "pesos" dos diversos indicadores de uma determinada Perspectiva tem que ser igual ao valor definido para esta Perspectiva.

Neste exemplo, se na Perspectiva dos Processos Internos tivermos dez indicadores, a soma dos seus "pesos" tem que ser igual a 30, ainda que eles tenham pesos diferentes.

Desta maneira, o somatório dos "pesos" de todos os Indicadores das quatro Perspectivas tem que ser igual a 100.

Este sistema de "pesos" deve ser estabelecido considerando-se duas dimensões:

- Dimensão Estratégica;
- Dimensão Econômica.

Em função da maior ou menor importância econômica e estratégica do Indicador ele terá maior ou menor peso (Ver figura 5.1):

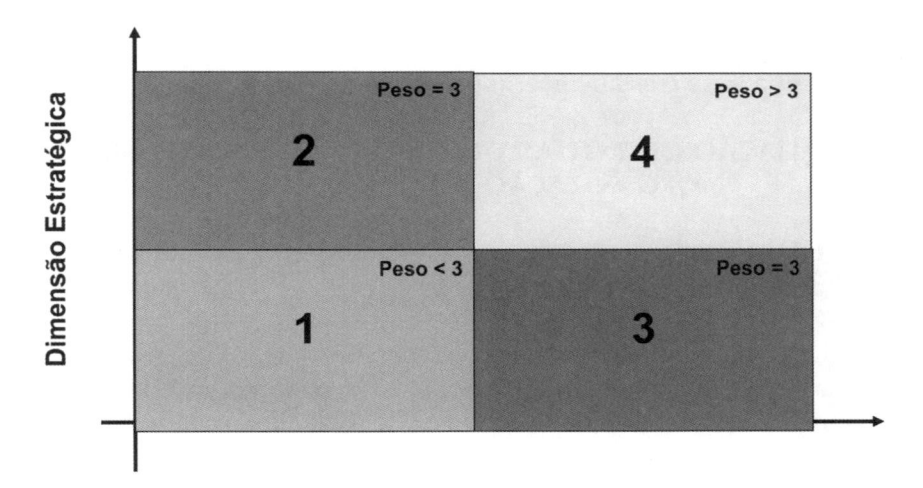

	Peso = 3	Peso > 3
Dimensão Estratégica	2	4
	Peso < 3	Peso = 3
	1	3

Figura 5.1 – Ponderação dos Indicadores.

Como pode ser deduzido da Figura 5.1, os Indicadores constantes do quadrante "1", por terem menor prioridade, devem ter pesos menores. Analogamente, os Indicadores constantes do quadrante "4", por terem maior prioridade são os que terão maior "peso". Por consequência, os Indicadores constantes dos quadrantes "2" e "3", terão "pesos" intermediários.

A indicação de pesos menores, iguais ou maiores que "3" é uma mera sugestão.

Dentro de um mesmo quadrante, os Indicadores podem ter pesos diferentes.

5.2. Avaliação Quantitativa dos Indicadores

A avaliação quantitativa é a que garante a sobrevivência da organização no curto prazo. Ela é feita com base na evolução quantitativa de cada indicador.

Para que se possa compor um resultado final de todos os Indicadores eles têm que ter uma mesma unidade de medida, ou seja, é preciso transformar as diversas unidades que medem cada indicador em uma única unidade. Uma das maneiras de se fazer esta transformação para uma mesma base é estabelecer um sistema de notas.

A AVALIAÇÃO QUANTITATIVA GARANTE A SOBREVIVÊNCIA DA ORGANIZAÇÃO NO CURTO PRAZO!

5.2.1. Estabelecimento de Nota para a Avaliação Quantitativa do Indicador

Uma maneira mais prática é estabelecer um gráfico onde é definida uma reta onde, por exemplo, a nota "10" é o *benchmark* do segmento econômico correspondente, e a nota "5" é a média do segmento econômico correspondente.

Na falta de conhecimento de *benchmarks* ou de avaliações estruturadas do segmento econômico correspondente, pode-se estabelecer estes dois pontos com base nas melhores informações disponíveis. Com o passar do tempo o processo vai sendo aperfeiçoado na medida em que informações de maior qualidade forem sendo obtidas.

IMPORTANTE: Se o objetivo é avaliar, apenas, a própria empresa com base no seu planejamento estabelecido, sem compará-la com outras organizações, basta substituir o benchmark pela meta estabelecida e a média do segmento pelo resultado do ano anterior.

A título de exemplo, vamos definir o gráfico de nota para o Indicador "Índice de Disponibilidade Interno (IDI)". (Ver figura 5.2)

O *benchmark* do segmento é 98%, portanto este é o valor da nota "10", e a média do segmento é de 93%, portanto este é o valor da nota "5".

A empresa "A" alcançou, neste ano da avaliação, um Índice de Disponibilidade Interno (IDI) de 94%, portanto a sua nota é "6" e a empresa "B" alcançou um Índice de Disponibilidade Interno de 96%, portanto a sua nota é "8".

IDI - ÍNDICE DE DISPONIBILIDADE INTERNA

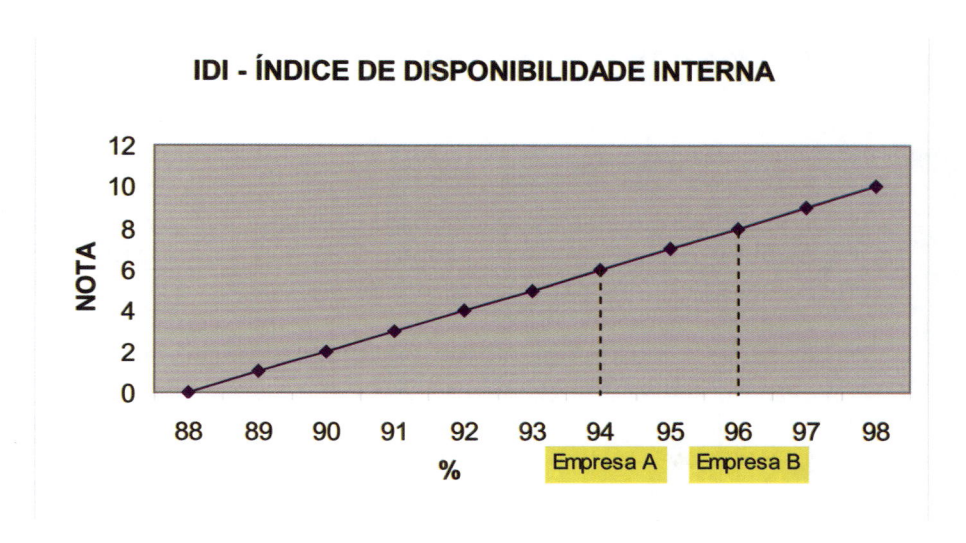

Figura 5.2 – Gráfico da Nota do Índice de Disponibilidade Interno (IDI).

5.3. Avaliação Qualitativa dos Indicadores

A Avaliação Qualitativa dos Indicadores é também conhecida como Avaliação da Qualidade da Gestão dos Indicadores.

O que garante a sustentabilidade da empresa no médio e longo prazos é a qualidade da gestão de cada Indicador.

É preciso ter, sempre, em mente que a competição empresarial não é uma corrida de 100 metros, representada pela Avaliação Quantitativa, mas sim, uma verdadeira maratona, representada pela Avaliação Qualitativa ou Avaliação da Qualidade da Gestão.

O QUE GARANTE A SUSTENTABILIDADE DO NEGÓCIO A MÉDIO E LONGO PRAZOS É A QUALIDADE DA GESTÃO!

5.3.1. Qualidade da Gestão dos Indicadores

A avaliação da qualidade da gestão dos Indicadores, ou a avaliação qualitativa dos Indicadores precisa ser a mais objetiva possível. Para isto é preciso que sejam estabelecidos parâmetros estratégicos que permitam avaliar, corretamente, esta qualidade da gestão.

Estes parâmetros devem responder a perguntas importantes que balizam a organização:

- Os requisitos legais estão sendo cumpridos?
- As diretrizes existentes na organização estão sendo seguidas?
- As metas estratégicas estão sendo perseguidas?
- A variabilidade dos Indicadores está dentro de certos limites?
- Existência e cumprimento de um plano de ação conectado com as metas estratégicas?
- As "melhores práticas" estão sendo implementadas?
- O acompanhamento dos resultados é sistemático, possui ações corretivas e é de conhecimento de toda a equipe?
- Existência de ações inovadoras?
- Organização focada em resultados?
- Existência de um plano de treinamento de pessoal que sustente o crescimento da organização?

5.3.2. Índice de Disponibilidade Interno (IDI) – Exemplo

Vamos supor que este Indicador, que mede a Disponibilidade da instalação para atender ao programa de produção, ligado à "Perspectiva de Processos Internos", esteja quantitativamente bem.

No entanto, está apresentando problemas de qualidade de gestão que, certamente, irão afetar o resultado no médio prazo, ou seja, esta maior Disponibilidade está sendo conseguida com o sacrifício de algumas variáveis de gestão importantes como, por exemplo, utilizando as instalações e equipamentos fora das suas condições de projeto.

Esta sobrecarga das instalações e dos equipamentos trará, com certeza, uma perda de Disponibilidade e Confiabilidade futura, com prejuízos para a segurança operacional e pessoal, podendo comprometer questões ambientais e, no final, trará consequências ruins para a empresa.

A avaliação da qualidade da gestão do Índice de Disponibilidade pode contemplar, entre outros fatores, os seguintes:

- Qualidade da Campanha;
- Ocorrências de Segurança Industrial e de Meio Ambiente;
- Atendimento à Produção Programada.

Estes fatores, em função da sua importância, receberão um "peso" para composição da Nota de Avaliação da Qualidade da Gestão.

5.3.3. Índice de Manutenção Industrial (IMI) – Exemplo

Este Indicador mede o custo da manutenção industrial por unidade produzida.

Suponhamos que a empresa alcançou um excelente resultado quantitativo neste Índice (Custo), também ligado à "Perspectiva de Processos Internos".

No entanto, uma análise mais criteriosa revelou que este bom resultado quantitativo foi obtido deixando de se fazer determinadas intervenções e atividades importantes que, no médio prazo, podem comprometer a qualidade, a confiabilidade, a disponibilidade, a segurança e o meio ambiente.

Este resultado quantitativo, aparentemente bom, visou na realidade uma "redução de custo a qualquer custo", que poderá ter consequências graves no médio prazo. Este é um exemplo típico de má gestão.

A "REDUÇÃO DE CUSTO A QUALQUER CUSTO" É UM EXEMPLO DE MÁ GESTÃO.

A avaliação da qualidade da gestão do Custo de Manutenção pode contemplar, entre outros fatores, os seguintes:

- Grau de cumprimento das Diretrizes de Manutenção estabelecidas;
- % de contratos por resultados;
- % de pessoal qualificado e certificado;
- % de pessoal alocado à manutenção preditiva e à engenharia de manutenção;

- Evolução da taxa de frequência de acidentes pessoais;
- % de Recomendações de Inspeção cumpridas;
- Estado geral das instalações nos aspectos de Ordem, Arrumação e Limpeza.

Estes fatores, em função da sua importância, receberão um "peso" para composição da Nota de Avaliação da Qualidade da Gestão.

5.3.4. Índice de Satisfação dos Clientes (ISC) – Exemplo

Um outro exemplo é o "Índice de Satisfação dos Clientes", ligado à "Perspectiva de Mercado", cuja sustentabilidade é garantida pela avaliação da qualidade da gestão, que pode contemplar, entre outros, os seguintes fatores:

- Percentual do cumprimento dos prazos de entrega;
- Percentual de entrega de produtos com a qualidade abaixo da especificada.

Estes fatores, em função da sua importância, receberão um "peso" para composição da Nota de Avaliação da Qualidade da Gestão.

Uma boa avaliação destes fatores de qualidade da gestão indica uma tendência de melhora futura do "Índice de Satisfação dos Clientes"; o inverso também é verdadeiro.

Essas tendências independem da avaliação quantitativa atual deste Índice

5.3.5. Estabelecimento de Nota para a Avaliação Qualitativa do Indicador

A avaliação qualitativa dos Indicadores é a que garante a sobrevivência da organização no médio e longo prazos. A avaliação qualitativa de cada Indicador é feita com base em critérios ponderados. Para que se possa ter um resultado final é necessário ter uma mesma unidade de medida.

À exemplo da avaliação quantitativa, é preciso transformar as diversas unidades que medem cada indicador em uma única unidade.

Uma das maneiras de se fazer esta transformação para uma mesma base é estabelecer um sistema de notas.

A título de exemplo, vamos avaliar a qualidade da gestão do Índice de Disponibilidade Interno (IDI), com base nos seguintes fatores de avaliação estabelecidos:

- Qualidade da campanha: será avaliada com base no número de ocorrências operacionais com perda de produção ao longo do período de avaliação, conforme o seguinte critério:

    » Até duas ocorrências por ano: Nota 10;
    » Doze ou mais ocorrências por ano: Nota zero;
    » "Peso" do Fator: 40.

As notas correspondentes a valores intermediários serão determinadas por interpolação linear.

Foram verificadas quatro ocorrências no período, o que corresponde a Nota oito.

- Ocorrências de Segurança Industrial e de Meio Ambiente: também será avaliada com base no número de ocorrências correspondentes, conforme o seguinte critério:

    » Nenhuma ocorrência no período: Nota 10;
    » Cinco ou mais ocorrência por ano: Nota zero;
    » "Peso" do Fator: 40.

Foram verificadas três ocorrências no período, o que corresponde a Nota quatro.

As notas correspondentes a valores intermediários serão determinadas por interpolação linear.

- Atendimento à Produção Programada: será avaliado com base nos desvios verificados entre o produzido e o planejado, conforme o critério abaixo:

    » Acima ou igual ao programado: Nota 10;

» 5% ou menos do programado: Nota zero;
» "Peso" do Fator: 20

As notas correspondentes a valores intermediários serão determinadas por interpolação linear.

Foi verificado um desvio de 2% a menor em relação ao programado, o que corresponde a Nota seis.

A avaliação final da qualidade da gestão deste Indicador, portanto, é:

(8 x 40 + 4 x 40 + 6 x 20) / 100 = 6,8

5.4. Composição da Avaliação Quantitativa e Qualitativa

Como cada Indicador está tendo uma avaliação quantitativa e outra qualitativa, é preciso estabelecer um critério para compor a nota final de cada Indicador. A experiência tem mostrado que, devido a maior dificuldade de se avaliar a parte qualitativa da gestão, no início do processo é conveniente estabelecer um "peso" maior para a parte quantitativa.

Sugerimos definir, no primeiro ano, um "peso" de 80% para a parte quantitativa e um "peso" de 20% para a qualidade da gestão. À medida que se vai adquirindo maior experiência e estabelecendo critérios mais claros de avaliação da qualidade da gestão, esta relação vai caminhando para o equilíbrio, podendo chegar a 50% para cada avaliação, quantitativa e qualitativa.

Outra questão importante é que, à medida que os Indicadores vão se aproximando do *benchmark* ou já se tornam o próprio *benchmark*, fica mais difícil o ganho quantitativo. Aí a competição passa a ser ganha nos detalhes, nas sutilezas; quando se chega nesta fase a qualidade da gestão se torna ainda mais importante e, como consequência, deve ter maior "peso".

Todavia, é a prática do processo de avaliação que vai determinar, para cada tipo de empresa, a melhor distribuição percentual.

5.4.1 Composição final da nota de Avaliação

Conforme já visto, cada Indicador tem uma avaliação quantitativa e outra qualitativa, cada uma com o seu peso, por consequência, a nota final de cada Indicador é uma composição ponderada destas duas avaliações.

No item 5.4, a título de exemplo foi estabelecido um "peso" de 80% para a Avaliação Quantitativa, e um "peso" de 20% para a Avaliação Qualitativa, para todos os Indicadores.

Portanto, a nota final de cada Indicador é igual à nota da avaliação quantitativa multiplicada pelo seu peso, acrescido da nota de avaliação qualitativa multiplicada, também pelo seu peso.

Imaginemos que um determinado Indicador teve uma nota quantitativa de 8,5 e uma nota de avaliação qualitativa de 7,0.

Como o peso da avaliação quantitativa para todos os Indicadores é de 80% e o peso da avaliação qualitativa para todos os Indicadores é de 20%, teremos a seguinte Nota Final do Indicador ("NFI"):

$$NFI = 8,5 \times 0,8 + 7,0 \times 0,2 = 8,2$$

5.5. Avaliação Empresarial Final

Como a Avaliação Empresarial é composta de vários Indicadores, a Nota Final (NF) da avaliação da organização será:

$$NF = \frac{NFI\ "A" \times Peso\ "A" + NFI\ "B" \times Peso\ "B" + ...+ NFI\ "N" \times Peso\ "N"}{100}$$

Onde:

NFI "A": Nota final do Indicador "A";
NFI "B": Nota final do Indicador "B";
NFI "N": Nota final do Indicador "N".

É importante lembrar que a soma dos pesos de todos os Indicadores é igual a 100.

5.6. Sistema de Consequências

Feita a Avaliação Empresarial da empresa ou mesmo de várias Unidades de Negócio da mesma empresa em localidades diferentes, deve-se estabelecer um sistema de bônus e ônus acoplado ao resultado desta avaliação.

A ausência de um Sistema de Consequências é um forte fator inibidor do sucesso da Gestão Estratégica.

PODE-SE AFIRMAR, COM CERTEZA, QUE NÃO EXISTE GESTÃO ESTRATÉGICA DE SUCESSO SE NÃO EXISTIR UM SISTEMA DE CONSEQUÊNCIAS!

À luz da evolução dos indicadores e do resultado das auditorias, são tomadas as ações para corrigir anomalias e desvios porventura detectados.

Pode ser necessário, inclusive, revisar o Plano de Ação inicialmente proposto, tendo sempre como objetivo alcançar as metas estabelecidas.

Mas afinal, o que é um sistema de consequências?

Sempre que se fala em "consequências" existe a tendência das pessoas pensarem que se trata de alguma punição. Primeiro é importante que se pratique a premiação, o reconhecimento, para aquelas equipes que mais se destacaram.

Isso deve ser uma prática cotidiana nas empresas e os gerentes e supervisores têm um papel fundamental nesta prática.

Este reconhecimento pode ser feito de diversas maneiras como, por exemplo: premiação simbólica, eventos de reconhecimento com a participação de toda a empresa, participação em eventos externos como Seminários e Congressos, e, também, uma recompensa financeira.

A partir daí, também é importante que aquelas equipes que não conseguiram o esperado êxito em suas metas tenham uma perda, por exemplo, através de uma redução da verba para promoção. É necessário, além disto, que se procure a causa desta queda de resultado para que se possam tomar ações corretivas, como por exemplo, maior capacitação da equipe.

O QUE IMPORTA É CORRIGIR AS FALHAS PARA QUE ELAS NÃO VOLTEM A OCORRER.

ANEXO 1
Exemplo de Avaliação Empresarial com Base no BSC

ANEXO 1

Exemplo de Avaliação Empresarial com Base no BSC

Duas empresas "A" e "B", que operam em um mesmo segmento econômico, portanto, são concorrentes, tiveram os seguintes resultados no ano:

1- Avaliação Quantitativa

Indicadores	Empresa "A"	Empresa "B"	Notas de referência	
Retorno sobre o Capital Empregado - ROCE (%)	8	11	3% = 0	13% = 10
Índice de Disponibilidade Interno – IDI (%):	94	96	88% = 0	98% = 10
Índice de Manutenção Industrial – IMI (US$/UN)	1,9	1,7	2,5 = 0	1,5 = 10
Taxa de Frequência de Acidentes com Afastamento – TFCA	0	1(a)	3 = 0	0 = 10
Índice de Satisfação dos Clientes – ISC	80	70	40% = 0	90% = 10

Nota:
(a): A empresa "B" teve um acidente fatal.
Quando se tem acidente fatal, a nota do Indicador é igual a zero (quantitativo e qualitativo/gestão).

2- Avaliação da Gestão (Qualitativa)

Para simplificar o exercício, vamos fornecer os dados para fazer a avaliação apenas do Indicador do Índice de Manutenção Industrial (IMI). Para os demais Indicadores será fornecida, diretamente, a Nota de Avaliação da Gestão:

2.1 Critérios de avaliação da Gestão do Índice de Manutenção Industrial (IMI)

Este Indicador mede o custo da manutenção industrial por unidade produzida.

Esta avaliação será feita com base nos seguintes fatores:

Fatores	Empresa "A"	Empresa "B"	Notas de referência		Peso (b)
Pessoal certificado (%)	40	10	0% = 0	50% = 10	20
Aplicação das Diretrizes de Confiabilidade (%)	60	40	0% = 0	100% = 10	30
Cumprimento do Plano de Ação (%)	90	70	50% = 0	100% = 10	50

Nota:

(b): Esta definição de "Peso" para cada fator, totalizando "100", é relativa aos critérios de Avaliação da Gestão deste Indicador. Não confundir esta ponderação com a definição de "peso" para cada Indicador (item 4) e a ponderação da composição da Avaliação Quantitativa e Qualitativa (item 3).

Avaliação da Gestão dos demais Indicadores:

Conforme informado anteriormente, por questão de simplificação do exercício, será fornecida diretamente a Nota para os demais Indicadores:

Indicadores	Empresa "A"	Empresa "B"
ROCE	8	5
IDI	8	7
TFCA	10	4 (c)
ISC	9	7

Nota:
(c): Como a empresa "B" teve um acidente foi fatal, a nota a ser considerada para a Avaliação da Gestão do TFCA da empresa "B" é zero.

3- Composição da Avaliação Quantitativa e Qualitativa:

Conforme já visto no Capítulo 5, é através da Avaliação Quantitativa dos Indicadores que se garante a sobrevivência no curto prazo; todavia, o que garante a sustentabilidade do negócio, a médio e longo prazos, é a qualidade da Gestão destes Indicadores.

Para este exercício fica estabelecido o seguinte critério:
Avaliação Quantitativa tem "peso" 7 (sete);
Avaliação Qualitativa tem "peso" 3 (três).

4- Peso Global de cada Indicador

Indicadores	Peso
ROCE	25
IDI	20
IMI	15
TFCA	30
ISC	10

5- Questões:

Com base nos dados fornecidos:

5.1) Fazer a classificação dos Indicadores conforme a Perspectiva do BSC (Financeira, Mercado, Processos Internos e Aprendizado – Inovação).

5.2) Calcular a Nota Final de Avaliação das empresas "A" e "B".

5.3) Indique três conclusões que podem ser tiradas quando se pratica uma Avaliação Empresarial conforme a mostrada neste exercício.

6- Solução do Exercício

a) Questão 5.1:

Classificação dos Indicadores conforme perspectivas do BSC:

- Perspectiva Financeira:
  » Retorno sobre o Capital Empregado (ROCE).

- Perspectiva Mercado:
  » Índice de Satisfação dos Clientes (ISC).

- Perspectiva Processos Internos:
  » Índice de Disponibilidade Interno (IDI);
  » Taxa de Frequência de Acidentes com Afastamento (TFCA);
  » Índice de Manutenção Industrial (IMI).

Existem algumas empresas que classificam o IMI – Índice de Manutenção Industrial (Custo) na Perspectiva Financeira, todavia isto é, na nossa opinião, uma visão equivocada do Custo de Manutenção.

A visão moderna estabelece que os resultados da Perspectiva Processos Internos, aí incluídos a Confiabilidade, a Disponibilidade, a Qualidade, a Segurança Pessoal, a Segurança Operacional, a Preservação Ambiental e o Custo, entre outros, estão intimamente ligados. Só existe Índice de Manutenção Industrial (Custo) baixo como decorrência de resultados altos de Confiabilidade, Disponibilidade, Segurança e Preservação Ambiental, e vice-versa.

B) Questão 5.2:

Cálculo da Nota Final de Avaliação das empresas "A" e "B":

B.1) Nota Final de cada Indicador

ROCE	Empresa "A"	Empresa "B"
Nota Quantitativa: Ver Fig. B.1	5,0	8,0
Nota Qualitativa: é um dado do exercício (item 2.2)	8,0	5,0
Nota Final do ROCE Empresa "A" = 5 x 0,7 + 8 x 0,3 = 5,9 Empresa "B" = 8 x 0,7 + 5 x 0,3 = 7,1	5,9	7,1

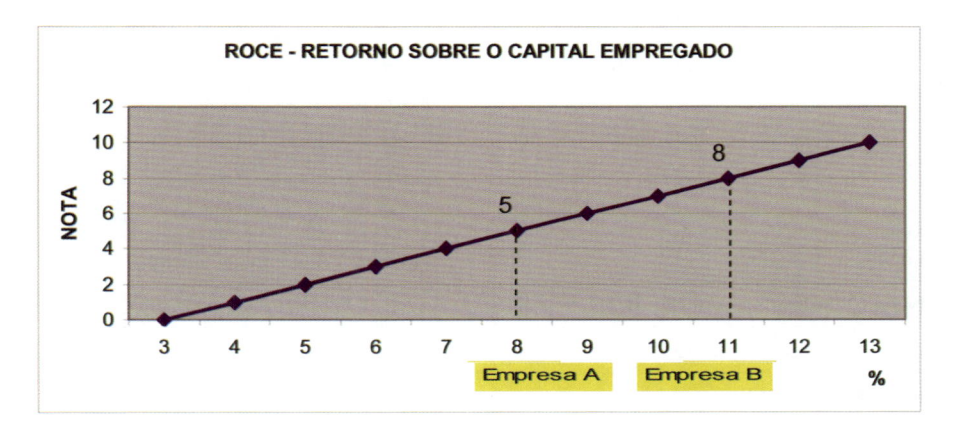

Figura B.1 – Avaliação Quantitativa do ROCE.

IDI	Empresa "A"	Empresa "B"
Nota Quantitativa: Ver Fig. B.2	6,0	8,0
Nota Qualitativa: é um dado do exercício (item 2.2)	8,0	7,0
Nota Final do IDI Empresa "A" = 6 x 0,7 + 8 x 0,3 = 6,6 Empresa "B" = 8 x 0,7 + 7 x 0,3 = 7,7	6,6	7,7

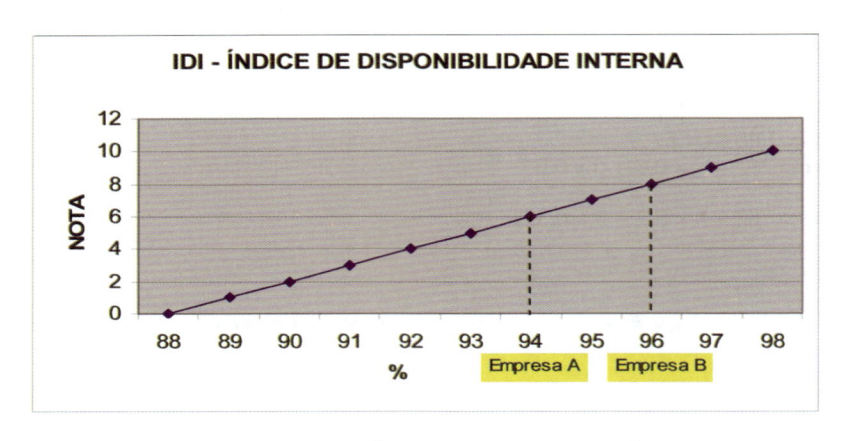

Figura B.2 – Avaliação Quantitativa do IDI.

IMI	Empresa "A"	Empresa "B"
Nota Quantitativa: Ver Fig. B.3	6,0	8,0
Nota Qualitativa: Ver item B.3	7,4	3,6
Nota Final do IMI Empresa "A" = 6 x 0,7 + 7,4 x 0,3 = 6,4 Empresa "B" = 8 x 0,7 + 3,6 x 0,3 = 6,7	6,4	6,7

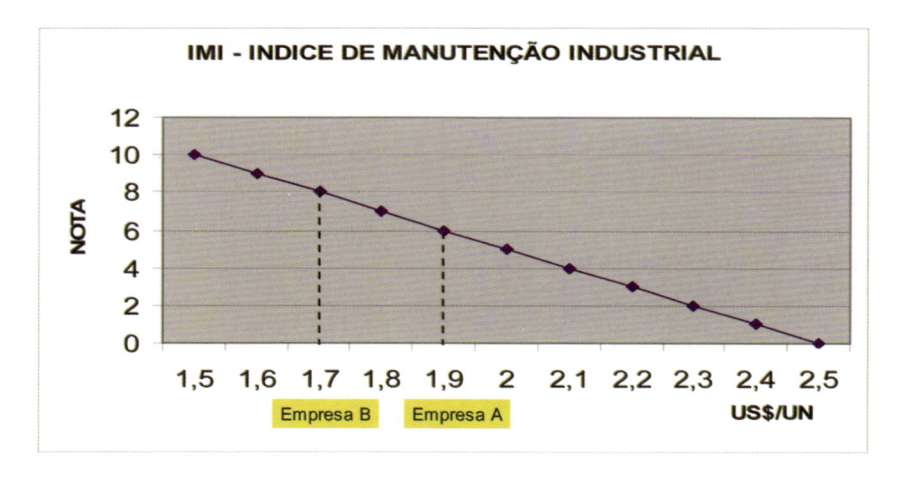

Figura B.3 – Avaliação Quantitativa do IMI.

T F C A	Empresa "A"	Empresa "B"
Nota Quantitativa: Ver Fig. B.4	10,0	0,0 (d)
Nota Qualitativa: é um dado do exercício (item 2.2)	10,0	0,0 (d)
Nota Final do TFCA	**10,0**	**0,0 (d)**

Nota (d): como a empresa "B" teve um acidente fatal, e conforme critério estabelecido, a nota de avaliação quantitativa e qualitativa passa a ser zero; consequentemente, a nota final do TFCA também é zero.

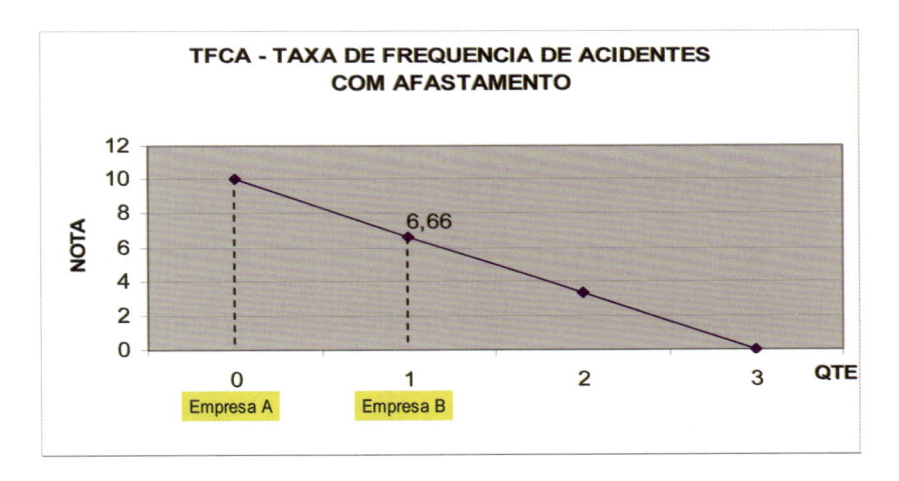

Figura B.4 – Avaliação Quantitativa do TFCA.

I S C	Empresa A	Empresa B
Nota Quantitativa: Ver Fig. B.5	8,0	6,0
Nota Qualitativa: é um dado do exercício (item 2.2)	9,0	7,0
Nota Final do ISC Empresa "A" = 8 x 0,7 + 9 x 0,3 = 8,3 Empresa "B" = 6 x 0,7 + 7 x 0,3 = 6,3	**8,3**	**6,3**

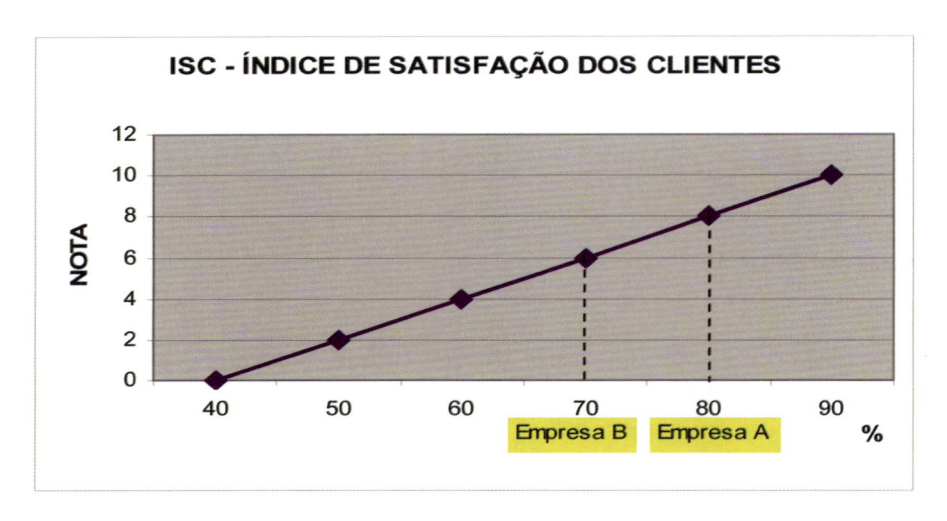

Figura B.5 – Avaliação Quantitativa do ISC.

B.2) Nota Final da Avaliação

Empresa "A" = (5,9 x 25 + 6,6 x 20 + 6,4 x 15 + 10 x 30 + 8,3 x 10) / 100 = 7,58

Empresa "B" = (7,1 x 25 + 7,7 x 20 + 6,7 x 15 + 0 x 30 + 6,3 x 10) /100 = 4,95

B.3 – Cálculo da Nota de Avaliação da Gestão do Índice de Manutenção Industrial (IMI)

Nota = Nota dos itens de Pessoal Certificado, Aplicação das Diretrizes de Confiabilidade e Cumprimento do Plano de Ação, multiplicada pelos seus respectivos "pesos", conforme item 2.1.

Empresa "A" = (8 x 20 + 6 x 30 + 8 x 50) / 100 = 7,4

Empresa "B" = (2 x 20 + 4 x 30 + 4 x 50) / 100 = 3,6

C) Questão 5.3:

Três conclusões podem ser tiradas quando aplica-se esta Avaliação Empresarial:

1) A Avaliação Global é fundamental para uma correta avaliação empresarial; neste caso a empresa "B", que teve o maior ROCE, não foi a empresa que teve a melhor avaliação final.

2) O estabelecimento de 'Pesos" é uma maneira eficaz que a organização tem para mostrar para todos os envolvidos quais são os Indicadores mais importantes naquele momento. Isto prioriza a alocação de recursos humanos e financeiros.

3) A ocorrência de um acidente fatal indica, claramente, lacunas na Gestão de Segurança da empresa "B". A partir do resultado desta Avaliação e com a aplicação de um sistema de consequências, é evidente que a empresa "B" vai estabelecer um Plano de Ação que possa suportar a mudança necessária na Gestão de Segurança, na busca de melhores resultados.

Bibliografia

APQC – American Productivity and Quality Center.

BALM, Gerald J. – *Benchmarking – Um guia para o profissional tornar-se e continuar sendo o melhor dos melhores* . 2ª edição – Qualitymark Editora, 1995.

CAMPOS, Vicente Falconi, TQC – *Controle da Qualidade Total (no estilo Japonês)*. 3ª edição – Fundação Christiano Ottoni – 1992.

CAMP, Robert C., *Benchmarking dos Processos de Negócio – Descobrindo e implementando as melhores práticas*. Qualitymark Editora, 1997.

KARDEC, Alan e NASCIF, Júlio – *Manutenção Função Estratégica*. 3ª edição, Qualitymark Editora, 2010.

MITCHEL, John S. *Physical Asset Management,* Third Edition, 2002, Clarion Technical Publishers, 2002.

Relatórios de Avaliação e Diagnóstico da TECEM – Tecnologia Empresarial Ltda, Belo Horizonte, 2004/2011.

QUALITYMARK EDITORA

Entre em sintonia com o mundo

QualityPhone:

0800-0263311

Ligação gratuita

Qualitymark Editora
Rua Teixeira Júnior, 441 – São Cristóvão
20921-405 – Rio de Janeiro – RJ
Tels.: (21) 3094-8400/3295-9800
Fax: (21) 3295-9824
www.qualitymark.com.br
e-mail: quality@qualitymark.com.br

Dados Técnicos:	
• Formato:	16 x 23 cm
• Mancha:	12 x 19 cm
• Fonte:	Optima
• Corpo:	11
• Entrelinha:	13
• Total de Páginas:	152
• 1ª Edição:	2005
• 2ª Edição:	2012